What If We Did It God's Way?

如果我們按照上帝的吩咐，這世界會是如何？

上帝吩咐這一切的話說，我是耶和華—你的上帝，

曾將你從埃及地為奴之家領出來。

——出埃及記20：1-2

羅倫・華德◎著

甄婉青◎譯

十誡 THE TEN COMMANDMENTS

邀約與承諾

An Invitation And A Promise

誡命

第一誡：除了我以外，不可有別的神（You shall have no other gods before me.）

第二誡：不可為自己雕刻偶像（You shall not make for yourself an idol.）

第三誡：不可妄稱耶和華的名（You shall not take the name of the Lord your God in vain.）

第四誡：當守安息日，守為聖日（Remember the sabbath day, to keep it holy.）

第五誡：當孝敬父母（Honor your father and your mother.）

第六誡：不可殺人（You shall not murder.）

第七誡：不可姦淫（You shall not commit adultery.）

第八誡：不可偷竊（You shall not steal.）

第九誡：不可作假見證（You shall not bear false witness against your neighbor.）

第十誡：不可貪心（You shall not covet your neighbor's house, wife, servants, cattle, nor anything that is his.）

邀約與承諾

你會如何描繪這個世界呢？我的意思是指如果要從某一角度描述這世界，它是一個令人想起來就會將微笑掛在嘴角的世界呢？抑或它看起來是令人擔憂、害怕、甚或令人生氣的世界呢？

和好友相約他們在哥斯大黎加（Costa Rica）的住所會面，我問了他們上述的問題。

「嗯，我認為——」法蘭西斯克開始表達他的想法。

但是接下來有些事情打斷他的談話，因此我們從未真正知道法蘭西斯克想要述說的內容。朋友的房子是一長排簡易的木造房屋，每一間房子都和隔壁鄰居共用一面牆。如此一來，房子中不論發生任何事，都很容易被牆兩側的人聽見。

正當我們要討論對世界的看法時，有一位鄰居正巧回到家。他摔上門並對他的妻子吼叫。很明顯的他已經喝醉

了，為了要求某樣東西，他的聲音變得越來越大。我不記得那是什麼東西了，但確定的那是他妻子所沒有的東西。因為她無法立即拿給他，他便使出男人的威權毆打她。

「看我怎麼教訓妳要如何尊重我！」他吼叫著。

在這恐怖的毆打與尖叫聲中，我們可以聽到一個小男孩懇求的哭聲：「不，爹地，不！不要傷害媽咪，拜託，求求你，不要傷害她。」

也許你正在一個安全且安靜的環境中閱讀這段文字。這時會有人對你吼叫嗎？或是正威脅要打你嗎？也許都沒有。那你要如何去描繪這個世界呢？你仍會給這個世界一個燦爛的微笑嗎？

也許你會認為我舉了一個很極端的例子，而不是描述一般真正的情況。也許你也留意到這件事發生在哥斯大黎加，所以和你並沒有特別的關係，因為你並不住在那裡，況且這件事應發生在很久以前，而且離這兒很遠。你知道當你讀到這段文字時，有多少婦女正處於被毆打的情境中嗎？在美國，平均每十五秒就有一個類似的案件發生。你

認為世界其他地區發生這樣事件的頻率又是如何呢？

我用了家暴事件作為一個例子，説明今日世界其他地方的情況。當然我也可以有其他數不盡的案例描述。你認為有多少人正在垃圾車及垃圾掩埋場中，渴望尋找到可以吃的食物呢？你知道造成現今嬰兒死亡率第一名的因素是什麼嗎？根據世界衛生組織（World Health Organization）的報告指出，每年有五百萬名孩童死於營養不良。這意味著平均每天有一萬三千七百名孩童死亡。在一張每月的統計表中可以看出，這個人數比2004年因海底地震與海嘯而死的人數還要多很多。

想想其他例子。你認為有多少人無家可歸？我並不是指因酒精中毒或是因無知而無家可歸的這群人，而是因為戰爭或是種族迫害而被迫分離的人。在聯合國難民事務部（United Nations High Command for Refugees）的照顧關懷下，估計約有兩千萬人是生活在流離失所及處於極度不安全的景況中。

此外，談到孩童，有多少孩子在晚上就寢時，不是睡在

床上而是睡在世界大城市中冷冷的人行道上？沒有人知道一個正確的數字。聯合國兒童基金會（UNICEF）相信，約有一億兒童陷在這樣的困境裡。而這個數字因愛滋病（AIDS）的蔓延不斷增加。並且有非常高比例的孩童，成為受虐、染毒癮和性病的受害者，許多（也許是大部分）孩童將來會成為問題青少年。

　　拿破崙根據他的觀察推測，在戰爭中，上帝永遠站在擁有最強武力的那一邊。今日也許拿破崙就不會這麼說了，因為恐怖分子所依賴的，並不僅僅是大砲槍械，而是祕密行動及背叛行為。在許多地方，他們與毒梟緊密結合，似乎總可以在各國邊界自由遊走，少見他們受到法律的約束與制裁。

　　多年以來，盤尼西林似乎戰勝許多疾病，而拯救了人類的生命——但那只是在愛滋病發現之前。現今，至少四千五百萬人感染愛滋病。這疾病幾乎徹底摧毀了靠近非洲撒哈拉附近大部分的人口，並且很迅速地在各地漸漸蔓延開來。

十誡導言

再次想想看：你會如何描繪這世界呢？

置身度外是我們跳脫出這些苦難最常使用的策略。我們常想像這些苦難，是來自某個匿名團體而非來自我們個人的問題，以避免那個痛苦的感受。不久前的某一天，一顆炸彈襲擊了中東地區，有一位受害者名叫慕斯塔法，是我從未謀面過的。事件發生時，我並不在那裡。當他因塵土而窒息的時候，我並沒有試著去幫助他。他急迫地奔跑來回穿越他家的瓦礫堆，直到發現他妹妹漢娜瘦小軟弱的身體。當慕斯塔法用雙拳搥打地面，並在妹妹受重傷的身軀旁極度痛苦地呻吟時，我的眼淚並沒有因此而流下。

談論悲劇事件是很容易的。當然，悲劇總是在發生，但那並不一定是發生在我妹妹身上。難道真的平均每十五秒就有一位婦女被毆打嗎？是的，但是我一點也感受不到被揮拳的痛楚，所以我也僅僅將這樣的經驗，歸入可見的統計數字罷了！

當置身度外的策略不具功效後，這樣的時刻就離我們不遠而且正要到來。因為這樣的風暴在我們所生存的地球正

不斷地極度擴大中，已經開始觸及到每一個人的生活層面。三十年前，當我們聽到染上毒癮的事件時，有誰認得任何一個受害者呢？然而現在，人們都意識到，也許明天，自己的兒子會是下一個受害者，而女兒會成為下一個墮胎的人。美國911雙子星大樓事件，是歷史上從未有過的警訊。誰會沒有發覺到現今我們每一個人，都是如此脆弱渺小呢？

　　以往，一將末日訊息寫在身上告示板上四處遊走的聳動者，總是擔心世界局勢。現在，卻是──頭腦清楚且充分得到資訊的人關切這個議題。五十年前，哲學家開始談論「存在的憂慮」。那時，僅有少數知識分子談論這個議題；現今，卻完全不是這麼一回事。

致力尋求解答

　　不同於歷史上其他時期，十九世紀是樂觀主義的時代，這是理性主義的全盛時期，人們相信世界會變得愈來愈好。在每天的生活層面中，科技創造了無數的奇蹟，機器

可以紡紗、編織和縫製。新的發明改變了農業和工業的運作模式。人們可以很迅速地跨越海陸空四處遊歷，全因來自蒸氣引擎的發明及影響。由於新增設的電報線纜，當時亞伯拉罕‧林肯逝世的消息，可以在加州同步得知。

因為這樣的奇蹟，人們很容易相信，社會上所有的問題都可以很快地解決。貧窮會消失，同樣地，不公平、疾病和精神錯亂也會隨之不見。不再有戰爭，世界終將和平，而我們也終將看到無知與專橫日子的結束。

然而好景不再。樂觀主義的黃金時期在第一次世界大戰時就已結束，現今出現比以往更多的幻覺。科學日新月異的速度比過去更快；然而研發電晶體的那雙手，同時為我們製造出原子彈，以及只要藉由按鈕就足以摧毀文明的能力。全世界的人都在問：「擁有了這麼多的資訊，而且對宇宙的了解有如此驚人的發展，為什麼飢餓、壓迫、專橫仍然困擾我們，支配我們所生存的土地？」

問題在於：我們試圖要科學去執行那原非科學所能達成的工作。造成這些年復一年災難的原因，並不是科學或是

技術層面的問題。

　試問：如何運用科學投射電磁能量穿透外太空，並傳回一張火星和崔頓星（Triton）表面的照片？相信我們很快就可以得到答案。試問：人類基因是如何組成？什麼是腦內啡的本質？它們怎麼影響腦細胞？同樣地，我們也可以很快得到答案。但是，假如我們詢問的是：如何解決這世代最嚴重的問題？得到的答案通常會是：很抱歉──這不是我專攻的領域。

　這是因為這世代最嚴重的問題，並不是科學層面的問題，而是道德精神層面的問題。想想看：呈現在現今社會中壓倒性的重大問題，哪一個不是道德精神層面的問題呢？它們全部都是。

　就拿飢餓作為一個例子。世上飢餓的問題並不是因為食物短缺，而是因為分配極度不平等。它是財富、教育、生產與運輸方法極度分配不均的結果。通常的景況是：一無所有的人被擁有太多的人不斷地壓迫和忽略──這算什麼呢？這當然是道德精神層面的問題。

十誡 導言

　　其他的挑戰和威脅又如何呢？恐怖行動、政治壓迫和殘暴專橫，毫無疑問的是道德精神層面的問題。同樣地，家暴行為、墮胎、毒癮，以及促使愛滋病普遍化的生活型態，都是道德精神層面的問題。假如這些是科學或是技術層面的問題，那在很早以前就可以解決了，因為那是我們拿手的。

　　也許有些人會發現，接受我所說的很令人感到羞恥。因為他們一直堅持理想主義的基本信念──自我滿足。他們的座右銘是：相信我可以做到！憑我的才智、我的人格特質、我的進取精神等等──他們總是運用自己和自己的頭腦設法去拯救這世界。這樣的人拒絕去承認：有些問題不是靠理智就可以解決的。

　　這引起我思考一個很重要的問題：我們不斷地強調這些無法幫助我們的領域還要多久？當科學本身和我們一樣無力提供真正有效的答案時，我們還要繼續驚恐地敲著科學的大門多久？還要多少證據賞摑在我們臉上，我們才肯接受這樣的事實？

什麼是真正的解決方案呢？

首先，我們必須面對科學的確未能完成原本未賦予科學的使命，我們應該順服於現狀嗎？或是我們手邊已經有了一個解決方案，是我們長期以來所忽略的呢？

假如你有機會參訪位於華盛頓特區的最高法院，在最高法院沒有任何庭訊的時候，領隊會帶領你進入聽眾席，這是九位法官聆聽案件審理的地方。不要忘記抬頭張眼瞧瞧法官席，並留意沿著天花板邊緣鑲於石柱內的雕像。在這些雕像中，你會發現有一個擁有威嚴面容並於右手拿著石板的雕像。他就是摩西。握在他手中的石板是古時的律法，也就是眾所周知的十誡。

過去的世代中，這些設計建造雄偉建築物的人，顯然並沒有遭受到那似乎折磨我們的難以解釋的自我膨脹。他們非常願意承認，這古代律法帶給他們的重大意義以及對社會的影響。很明顯地，他們也接受這樣的事實，就是這律法並非他們所創造的，它並非他們當代的產物。

某些激進團體堅稱，這些雕像應從所有的公共建築物內

移去，也許今天我們無法找到比這更好的精神寄託了——
至少在西方世界是這樣。

　　這樣的景況仍舊持續著，我們不斷地等待，期待科學最
終會發射出一顆神奇的子彈，以解決僵局並領我們跳脫這
樣的困境。正由於這種瘋狂的自我，現有的情況才會充滿
了危機。

邀約與承諾

　　在更進一步分享之前，我想邀請你並給你一個承諾：

　　我想邀請你跟我一起思考，這十誡的律法在二十一世紀
所帶給我們的意義。藉此，我們將會超越這十誡表面上的
意義，更進一步探討這古代律法重大的意涵以及智慧。

　　我的承諾是：這不是我自己的獨白。我並不打算自己一
人獨述這全部。這將會是一個討論與學習的指引，這種方
式鼓勵你參與、思考、與其他人互動，並得到自己的結
論。期間也許你會想在日誌裏記錄下你的想法，我希望你
這麼做，因為到最後對你的生活會有很重大影響的，並不

是我的看法和結論。

我提到要給你一個承諾。其實是兩個。第二個承諾是第一個的一部分。就是：我決不會盲目地要求你接受任何我即將討論的這個重要議題。相反地，你擁有許多機會去驗證這些信條的真實性。

這是千真萬確的，因為十誡不僅僅是放在玻璃展示櫃的藝術品。它是實用智慧的泉源，提供我們每日處理真實問題和情況的及時解決方案。十誡的原則可以很合理地運用在我們的生活層面，並且在運用的過程中得到驗證。有一句古老的諺語是這樣說的：「布丁好不好，吃了才知道。」

當你在你的生活中檢驗這些原則，並使它們成為你生命的一部分時，你將會很清楚地知道它們的確有果效，因為結果將會是立即的，並令你十分滿意。

不要猶豫，立即接受這個邀約，並學習十誡所要帶給我們的智慧。讓它們成為你生命的一部分，你將會很開心你這麼做了。

危險的愛
Dangerous Love

 要求我們敬拜真神

第一誡：除了我以外，不可有別的神（You shall have no other gods before me.）

第二誡：不可為自己雕刻偶像（You shall not make for yourself an idol.）

第三誡：不可妄稱耶和華的名（You shall not take the name of the Lord your God in vain.）

第四誡：當守安息日，守為聖日（Remember the sabbath day, to keep it holy.）

第五誡：當孝敬父母（Honor your father and your mother.）

第六誡：不可殺人（You shall not murder.）

第七誡：不可姦淫（You shall not commit adultery.）

第八誡：不可偷竊（You shall not steal.）

第九誡：不可作假見證（You shall not bear false witness against your neighbor.）

第十誡：不可貪心（You shall not covet your neighbor's house, wife, servants, cattle, nor anything that is his.）

I

誡命

I am the Lord your God, who brought you out of the land of Egypt, out of the house of bondage.

危險的愛

第一條誡命──出埃及記20：3

除了我以外，你不可有別的神。

「賈姬，妳似乎不明白妳的未來正要陷入險境──那可是妳一輩子的生活啊！」

「不，爹地。你才是那位沒有真正明白情況的人。你也曾經年輕過，過了這麼久的時間，你早已忘記那是什麼樣的感受了。我告訴你，我愛丹尼，但是你似乎不太能了解。」

亨利威廉斯難以置信地望著他的女兒。然後搖搖頭嘆了一口氣，彷彿無法理解他所聽到的一切。

「賈姬，你一定要聽我説！」

「不！我不要再聽任何人的意見了。我告訴你就是這

樣。下星期四，法官會在市中心第一民事法庭為我們證婚。難道你希望我們直接同居嗎？」

當場一片靜默。亨利終於開口説話，而且很小心地告訴她，「好吧！我了解這是妳的決定。沒有任何人可以改變妳的想法。我只有一個問題想問妳。」

這一回賈姬沒有中斷父親的談話，很開心地想：他父親似乎開始尊重她的決定。

「上星期四妳穿了一件白色的上衣，但是丹尼卻要妳換上別件，妳還記得他當時的反應如何嗎？」

「嗯，他要我穿的衣服上有污漬，我灑了一些東西沾在上面。」

「我的問題是：妳男朋友的反應是什麼？當他看到妳穿了白色上衣，他是怎麼説的呢？」

「嗯，他不太高興。」

「事實上，他緊握拳頭並對妳大吼。當晚我們邀請他到家裡吃晚餐，又發生了什麼事呢？」

「喔，爹地，沒關係的，那都已經過去了。你為什麼還

I

誡命

I am the Lord your God, who brought you out of
the land of Egypt, out of the house of bondage.

要再提起這件事呢？」

「因為當你說了一些他不高興的話時，他毫不留情面地在全家人面前令妳難堪。賈姬，如果那是他現在對妳的方式，你認為將來會如何呢？」

「別再說了！別再說了！」賈姬用雙手摀住她的耳朵喊著說。「難道你們不能了解嗎？我愛丹尼，他是我生命的全部，其他的都不重要了。你們怎麼說怎麼想都沒有用。我愛他，我崇拜他，那才是最重要的事。難道你們不能了解嗎？」

「妳『崇拜』他？妳『崇拜』他？賈姬！那他是怎麼對妳的？他是妳的上帝嗎？」

「沒錯，正是。如果那是你想說的，就是這樣。丹尼是我的上帝。」

這段對話先到此告一段落，我想問你們一個問題。在這事後，賈姬的父親告訴我，這些話就像刀一般刺透他的心。你會不會認為他反應過度呢？你認為為什麼當他聽到這些話後，會如此怒不可抑呢？

　　亨利威廉斯為他女兒所説的話而全身顫抖，因為他知道那種愛所具有的力量，可以如此傷害我們，而且造成嚴重的後果。愛可以如此穿透我們的心防，沒有任何其他東西可以像愛那樣，讓我們毫無遮蔽而且容易受傷。

　　想想這絕望的父母，站在現代大型醫院加護病房的外頭等待者。他們為什麼會如此憤怒呢？就是因為愛。同樣的，幾年後，這父母也可能會因著這個孩子吸毒的問題而再次受苦。

　　幾個月後，當她因錯誤的決定而開始自食其果時，對賈姬的父母而言是多麼難以忍受啊！

　　當熱戀的感覺一消失，她才清醒過來，發現自己怎麼跟一個凡事嫉妒、並且對她所努力的一切永遠不會感到滿足的人結婚──這個人總是用譏諷、嘲弄，甚至拳頭摧毀她的心靈！這就是為什麼亨利威廉斯為著他女兒的態度而全身顫抖的原因。他非常害怕看到她把自己交給如此傷害她的男人手裡。

　　這就是為什麼上帝給我們這第一條誡命。這是一個警

誡命

告，出自上帝對我們極深的關切。它意味著：千萬不要委身奉獻在這些不是真神的「諸神」上。千萬不要將最終只會令你失望或是傷害你的人或事，放在你生命中的首位。

落敗的諸神

古時以色列人發現，他們被一群崇拜「其他神祇」的邦國所環繞。大袞（Dagon）是西邊非利士人所祭拜的主要神明。非利士人仰望他以祈求穀物及漁獲的豐收，因為大袞是代表豐饒與富裕的神。腓尼基人是位於以色列人北邊的鄰居。他們崇拜月神亞斯她錄（Ashtoreth）或阿斯塔特（Ashtart）。她是豐饒之神。崇拜她的儀式是很受歡迎的，因為人們用酒宴及狂歡的儀式敬拜她。在東邊，摩押人崇拜基抹（Chemosh），而亞捫人崇拜摩洛（Moloch）。這兩個神，尤其是後者，要人們以孩童獻祭作為安撫及勸服他們的手段，所以人們用可怕、極端的儀式崇拜，只為取得這些神祇的能力。

今日，文化當然已經改變。大部分的人不再崇拜這些

用木頭、石頭或是鐵所做成的上帝。但是金錢、性與權力，仍是驅動無數人的動力。下回你經過書報攤，瀏覽雜誌的封面和標題，留意脫口秀及連續劇的主題，看看他們如何告訴你，現今世界上的人是如何熱切地崇拜「這些諸神」？

然後問問你自己：崇拜「這些諸神」的下場是什麼？就像這些古時候的神一樣，他們也背叛他們的崇拜者並且毀滅他們。

性的崇拜導致愛滋病的蔓延。為什麼沒有人談論那最清楚及最明顯的解決方法呢？這個解決方法不難理解。事實上，為了不再讓這樣的疾病蔓延惡化下去，最簡單及明白的方法是拒絕這些不牢靠的神祇，再次回歸尊重家庭的價值和婚姻的神聖性。

然而這世上的政治領袖並沒有這樣做，反而祈求「錢」這位神去拯救人類。他們常說：「明年，我們要花更多百萬美元，建造更大更好的實驗室。然後我們將可以發現一種疫苗，使你們繼續維持現有的生活型態，而不需要擔憂

I 誡命

I am the Lord your God, who brought you out of the land of Egypt, out of the house of bondage.

任何後果。」

同時恐怖主義也已經變成軟弱者的刀劍，以及無權力者孤注一擲的手段。恐怖主義的追隨者利用人的狂熱與無知，常在難民營中吸收新成員，並不斷對這些年輕人宣導仇恨的概念。

被這群年輕狂熱分子所攻擊的人，會提出什麼樣的解決方法呢？他們轉向「權力」這位神，並說：「我們要研發更大更好的飛彈和砲彈。有了它們，我們將可以追捕任何壓迫我們的人，找出這群傢伙，並且摧毀他們——這樣就可以解決我們的問題了。」

這樣的策略所造成的結果是什麼呢？就是每一個殘暴手法都強化激進分子對不公平和迫害的意識。更多的憤怒也使他們確信他們是受害者，把他們的仇恨和暴力行為完全合理化。

千萬不要委身奉獻在這些不是「真神」的諸神上，這是第一條誡命所告訴我們的。千萬不要把最終只會令你失望或是傷害妳的人或事，放在你生命中的首位。

嬉皮的失敗

　　新約記述，有一天，撒但給耶穌一個正面的攻擊。撒但將「世上的萬國與萬國的榮華都指給他看」，然後撒但對耶穌說：「你若俯伏拜我，我就把這一切都賜給你。」（太4：8-9）這裡其實就是指：金錢、性、權力，你可以全部擁有！

　　然而，耶穌回答撒但，祂拒絕把焦點放在金錢、性、權力這些假上帝身上。相反地，祂把焦點轉回到第一條誡命，並引述申命記第十章二十節。這段經文是以正面的形式回應撒但：「因為經上記著說，當拜主你的上帝，單要事奉祂。」（太4：10）拒絕這些假上帝並拒絕敬拜他們是不夠的，我們應該轉向俯伏敬拜天上的父。

　　「佩花嬉皮士」（flower children）指的是一世代前一群蓄長髮並著裝怪異的年輕男女，他們流連於西方世界的街道及公園內，大部分人稱他們為嬉皮。現在幾乎沒有任何人讚許他們的行為，但是我們必須了解，他們的確陳述了一個觀點，那就是他們拒絕物質主義錯誤的價值觀。然而，

誡命

為什麼他們所提倡的行動會失敗呢？其實是因為他們沒有辦法真正貫徹他們所提倡的價值觀。很明顯地，最後只證明這一切是另一種形式的自私。

相同的那些年，無數的人試著去實踐共產主義的理想。共產主義在理論根基的部分，倡導無私和分享的信念，聽起來就像是耶穌基督的教導。為什麼共產主義還是沒有辦法創造一個如同他們所提倡的完美社會呢？就像其他烏托邦的理想哲理一樣，因著同樣的理由，共產主義最後在人類現實社會中觸礁沉淪。因為這全是根據一種假設，假設你告訴人們他們需要改變，假設你真的說服他們相信他們應該改變，然後他們就會改變。然而僅僅知道什麼是對的並不夠的，同樣地，只是在心智上相信也是不夠的。

1970年代，哈佛心理學家勞倫斯克柏格 （Lawrence Kohlberg）聲稱，他發現一種可以使人更有道德的方法。他所使用的方法是：詢問人在某種假設情況下，做什麼事才是對的？克柏格的論點是：他可以很成功地教導人們道德推論的方法，以致於每一次他們都可以回答正確的答案。

但是，當人們開始詢問「知道對的答案」是否真的就會「做出對的事情」時，克柏格的理論遭受到質疑。然而從他的研究結果，我們得到的答案是「有時候可以」。註1

我們知道真正的良好品德，是藉由聖經所說的恩典，從內心發展出來的。使徒保羅說：「只要心意更新而變化，叫你們察驗何為上帝的善良、純全、可喜悅的旨意。」「察驗何為上帝的旨意」所指的，不僅僅是能夠在道德議題上給與正確的答案，它包含的層面超越我們所得到的資訊。我們不能聲稱要「察驗」某件事，卻仍然漠視它而沒有付出任何行動。我們必須使這樣的事成為我們生活的一部分，當我們發現可以心意更新而變化的時候，我們就成功了。

徹底的改變乃是正確生活的根基，它並不是很自然的轉化過程。雖然行為訓練和道德推論都有其重要性，但是都不足以完成轉化的過程。詩篇作者了解這樣的觀點並寫出：「上帝啊，求你為我造清潔的心，使我裡面重新有正直的靈。」（詩51：10）那導致真品德的心意更新乃是一種

I 誠命

I am the Lord your God, who brought you out of the land of Egypt, out of the house of bondage.

創新的行為模式，是一分來自上帝的禮物。註2

命令我們將這些假上帝挪去的第一條誡命，沒有就此打住的原因就在這裡。它持續地告訴我們：「除了我以外，你不可以有別的神。」。這裡所指的「別的神」，事實上並非是真正的神，這些「別的神」並無法由真空來取代。第一條誡命告訴我們，什麼是不應該做的事（就是不要崇拜別的神），之後向我們解釋什麼是我們應該做的。這樣的禁止接著變成一條敬拜真神的正向誡命。

愛和敬拜

有一次有人問耶穌，那一條誡命是最大的？祂引用了申命記6：5來回覆這個問題：「你要盡心、盡性、盡意，愛主——你的上帝。」並加上：「這是誡命中的第一，且是最大的。」（太22：37－38）

當撒但試圖試探耶穌的時候，耶穌告訴我們，第一條誡命是要我們敬拜上帝。祂所指的是我們要愛上帝。

「我愛丹尼，我崇拜他。」賈姬是這麼堅稱的。她當然

從未想到，聖經中所指的敬拜或敬重的意義是什麼，但是她可能比你認為的更接近真理，因為在聖經裡，敬拜是愛的一種表現。

崇拜就像愛一樣，是一種心理態度。它是一種把上帝擺第一的意念和決心，讓上帝在生命中掌王權、居首位。

讓上帝掌權的意思是，我們不再試圖使祂接受我們先入為主的看法，認為祂是一位什麼樣子的上帝，或是祂應該如何做事。我們應該拒絕這樣的觀念，那是只相信我們所能了解的部分。如果我們這麼做了，這樣的信心起點是不敬畏上帝的。因為我們對上帝的信心也僅止於理性。除此之外，對上帝的認識也侷限在我們的理智範圍內。這麼一來我們所崇拜的將不會是上帝，而是一個有限的東西，因為我們可以清楚地知道祂的長闊高深，還有祂的起始與結束。註3

這並不是指基督徒的信心缺乏理性，或是不認同這些證據的價值。去檢視這些證據沒有什麼不對，只是那不是認識上帝的根基。

I am the Lord your God, who brought you out of the land of Egypt, out of the house of bondage.

　　我們對上帝的認識並非始於人的理性，而是來自上帝的啟示。就是上帝親自向人顯明祂是一位什麼樣的上帝。我們不可能在沒有任何幫助之下，靠自己的努力就知道祂是什麼樣子的上帝。上帝藉著耶穌基督顯明祂自己。福音書的作者宣告「從來沒有人看見上帝」，「只有在父懷裡的獨生子將他表明出來。」（約1：18）在耶穌早年的時候，祂致力將上帝的樣式教導世人。當祂將孩子擁入懷中並為他們祝福時；當祂在湖邊教導祂的門徒時；當祂平靜風浪和潔淨聖殿時──在這一切所行的事上，祂說：「上帝就是像這樣。我怎麼做，上帝也是這樣行。」

　　當耶穌被釘十字架之前，門徒腓力問耶穌：「求主將父顯給我們看。」（約14：8）

　　耶穌很難過地回答腓力：「我與你們同在這樣長久，你還不認識我嗎？人看見了我，就是看見了父，你怎麼說『將父顯給我們看』呢？」（約14：9）

　　福音書中不斷地告訴我們，腓力是一位不樂意聆聽而且很快就會質疑的門徒。不幸的是，我可以理解腓力的感

受。但是這樣的態度，讓腓力面臨失敗的危險，因為上帝
對我們的啟示，從未以壓倒性的力量植入我們的腦袋中，
而是平靜地進入凡是願意睜開雙眼、打開雙耳、尤其是打
開心扉的人心中。我們所需要的不是很大的說服力，而是
願意除去所有影響信心的障礙物，且不需要任何證據米證
明的信心。

當我們接受第一條誡命並承認上帝是真上帝時，上帝將
會親自啟示我們。這是人唯一可以獲得啟示的方法。

讓上帝成為生命中的第一位，是指將與祂相違背的或削
弱上帝主權的想法、興趣放在一旁。這樣的觀念是道德和
靈命的根基。這是支配一切的信條，可以使我們評估生活
中每日的決定和選擇。在所有的事情上，我們都可以這樣
問：這個影片、這個遊戲、這樣的友誼和工作、以及我們
所擁有的東西，是不是會影響我們跟上帝的關係？當我們
開始這樣做的時候，生活的秩序和良好的品德，會漸漸地
在我們生命中成形。平安將取代痛苦，進入我們的心中。
希望也會將憂慮和失望逐出我們的生命。那時，只有在那

I am the Lord your God, who brought you out of the land of Egypt, out of the house of bondage.

樣的時刻，我們可以真正了解什麼是耶穌在登山寶訓所描述極為屬靈的順服。

為什麼這是第一條誡命？

即使很多人以本能相信上帝的存在，但是卻無法做到讓上帝成為生命中的第一位。事實上，如果祂是上帝，這的確是只有祂才配擁有的位子。因此這條誡命是第一條誡命。假如我們沒有先將祂置於生命中的首位，假如我們沒有讓祂在我們的生命中掌權，其他的誡命充其量只不過是道德規範罷了，其作用和其他無數好的想法一樣。

問題不在於：我是不是已經完全了解上帝，以及了解上帝對我生命的旨意是什麼？也不在於：我是不是好到足以使祂接受我？我已經準備好遵行其他誡命了嗎？你不能藉由遵行其他九條誡命，然後才回到第一條誡命。相反的，你應該藉由第一條誡命，去完成其他九條誡命。

我需要問我自己的問題非常簡單，但全都是非常重要的：我願意給上帝真正應該擁有的位子嗎？我願意讓上帝

成為我生命中的首位嗎？這就是第一條誡命所要告訴我們
的部分。

　這裏有個跨越無數世紀卻仍繼續吸引我們、對我們說的
話語：「耶和華你上帝向你所要的是什麼呢？只要你敬畏
耶和華——你的上帝，遵行他的道，愛他，盡心盡性事奉
他。」（申10：12）

註1：W. C. Crain所著《發展理論》118－136 頁中提到：克伯格的評量表
　　　跟道德思考有關係，跟道德行動無關。如同一般人所知道的，有人
　　　會提到很高的道德標準，但是行為上表現出來的就不一樣。因此，
　　　我們不應該在道德判斷和道德行動之間有很完美的關聯。克柏格仍
　　　然認為應該是有一些關聯的。
註2：「若有人在基督裡，他就是新造的人了。」（林後5：17）
註3：See Robert Wilkens, in First Things 37 (November 1993)：13－18.

偶像 *Little Gods*

警告我們不要使任何事超越上帝
在我們心中的地位。

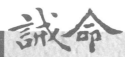

第一誡：除了我以外，不可有別的神（You shall have no other gods before me.）

第二誡：不可為自己雕刻偶像（You shall not make for yourself an idol.）

第三誡：不可妄稱耶和華的名（You shall not take the name of the Lord your God in vain.）

第四誡：當守安息日，守為聖日（Remember the sabbath day, to keep it holy.）

第五誡：當孝敬父母（Honor your father and your mother.）

第六誡：不可殺人（You shall not murder.）

第七誡：不可姦淫（You shall not commit adultery.）

第八誡：不可偷竊（You shall not steal.）

第九誡：不可作假見證（You shall not bear false witness against your neighbor.）

第十誡：不可貪心（You shall not covet your neighbor's house, wife, servants, cattle, nor anything that is his.）

You shall have no other gods before me.

⌒ 偶像

第二條誡命——出埃及記20：4-6

不可為自己雕刻偶像，也不可做甚麼形像彷彿上天、下地，和地底下、水中的百物。不可跪拜那些像，也不可事奉它，因為我耶和華——你的上帝是忌邪的上帝。恨我的，我必追討他的罪，自父及子，直到三四代；愛我、守我誡命的，我必向他們發慈愛，直到千代。

當我們離開家並穿越空巷時，正是清晨尚未破曉的時刻。不久，城市奪目的色彩消失在我們的後方。我們繼續無趣地行駛在車燈所照射出來的通道中。有很長的時間裡，唯一出現的聲音是引擎的嗡嗡作響和輪胎接觸地面所發出來的聲音。

在地平線那端，一道紅色曙光終於宣告一天的到來。不久之後，我們看到一道微細強烈的光線。那正是陽光，從

山頭那邊綻放出來。不知怎麼似乎靜止不動，在幾分鐘後，那光緩緩地向前移，這就是一天的起始。

我們的第一個孩子劃破寂靜。才四歲的大衛好奇的觀察力仍不斷令我們感到驚奇。

他說：「爹地，假如我們明天一大早來到這裡，然後爬上那座山頭。當人陽從旁經過的時候，你認為我們可以碰到太陽嗎？」

然後我想了一下：在孩子心中，有多麼棒的洞察力啊！這並不是孩子認為自己是很偉大的──而是他們把世界看得很小。宇宙的無限無法完全裝進他們小小的心靈，所以他們會把所有的事情變小。

在森林的那一頭，有個人正在工作。他說：「一開始，我會先挖一些泥土，然後開始塑造它。瞧，這是眼睛和鼻子。現在我要將它放在陽光下一陣子。當它變乾的時候，我要將它畫上我所喜愛得顏色。你想知道我正在做什麼嗎？當然，我做的是上帝。你難道看不出來嗎？不，不是上帝祂自己。是祂的形像。這是祂看起來的樣子。」

我四歲的兒子認為他可以伸出小小的手碰觸到太陽；在森林裡的那一個人，相信他可以造出神像。兩個人都犯了同樣的錯誤。

所羅門王有一個很棒的觀念，他在耶路撒冷建立了一個很美的聖殿。當它完工的時候，他安排了連續好幾天的慶典。但是當大家正興奮的時刻，他並沒有失焦，也沒有忘記這慶典真正的含意。他在禱告中向上帝說：「看哪，天和天上的天尚且不足你居住的，何況我所建的這殿呢？」

（代下6：18）

為什麼第二條誡命禁止我們去創造一個偶像來代表上帝呢？因為不論我們把它創造得有多大，或是用多少的金子、鑽石或其他東西來覆蓋它，唯一做出來的東西是使祂變得更小。無可避免的，我們會用人類對事情的概念去理解上帝。那真的是我們內心所碰到的問題。人對上帝膚淺的心理形像，是第二條誡命要幫助我們去避免的原罪。

現代的理性主義者也犯了同樣的錯誤。他們運用他們心智能力所織起的微小網路，去理解這浩瀚的宇宙。他們可

以掌握的，受限於他們的感官及他們處理資料之能力的不足。他們是他們所擁有之資料的掌控者，並且否認其他事情的存在。就如同我說的，這是犯了同樣的錯誤，也證明這樣的問題不僅僅發生在無知的人身上。

天父愛你

在古時，偶像崇拜的必然結果是多上帝論，相信有許多上帝存在。人們創造許多上帝，因為他們無法想像只有一個上帝是足夠的，無法想像一個上帝可以處理所有的事。

早期基督徒持有這樣的想法，那就是只有一個上帝，但是大部分的人對上帝都沒有一個清楚的概念。他們試圖把祂想成他們曾經崇拜過的神祇——那些健忘冷漠、不樂意關心他們的神祇。信奉異教的皈依者感受到的是，他們必須不斷地哀求去改變祂的漠不關心，並說服祂能夠關心他們的需求。

很難想像這是多麼大的錯誤。聖經將上帝的愛與人最具有能力的愛相比，它宣稱：「婦人焉能忘記她吃奶的嬰

孩,不憐恤她所生的兒子?即或有忘記的,我卻不忘記
你。看哪,我將你銘刻在我掌上。」(賽49:15-16)

　　但是儘管有這樣的保證,在許多人的心底,仍視上帝為
健忘且不情願的,總是有一大群的代求者在祂寶座的四
周,日以繼夜地喧鬧著以取得祂的注意,並說服祂幫忙我
們。但是耶穌告訴祂的跟隨者:「我並不對你們說,我要
為你們求父。父自己愛你們。」(約16:26-27)使徒們彼
此激勵:「所以我們只管坦然無懼地來到施恩的寶座前,
為要得憐恤,蒙恩惠,作隨時的幫助。」(來4:16)

　　藉由逝世的聖徒來代求的觀念,很明顯地違反了第二條
誡命,因為那是根據非基督徒對有限之神的看法,認為上
帝幾乎不可能被說服來幫助我們。

你為什麼要懷疑?

　　有一天,我站在宏都拉斯海灣海島(Guanaja, Honduras)
的碼頭上,我的朋友展示給我看他靠在碼頭旁的捕蝦船。
他們把起重架提高,將龐大的拖網攤曬在陽光下。那天晚

上，他們又再次出海。朋友告訴我，這些捕蝦船每天可以捕到多少噸的蝦。

這是一個警訊，我自己想了一下，以這樣的速度，海洋的資源不久後很快就枯竭了！

隔天清晨我離開那裡，沿著海岸線從海灣海島飛往卡貝薩斯港（Puerto Cabezas）。從飛機的右翼，我們可以看見海岸山脈的天際線，在右邊是浩瀚的海洋。我試著猜想要延伸多少英哩，才會接觸到地平線融入天際的那一個點。我們繼續我們的行程，幾分鐘後，我瞥見三艘捕蝦船在我們的下方，當他們將漁網拖曳在船的後方時，捕蝦船在海浪中來回上下擺動著。其中有幾艘是我前幾天才見過的，但他們顯得多麼渺小。捕蝦船的大小和浩瀚的海洋相較，的確是很大的對比。之後我想到：這些渺小的捕蝦船所做的，是耗盡上帝儲存在食品儲藏室的寶藏嗎？當我們從別的觀點來看他們的時候，事情會如何的改變啊！

我猜想，什麼會是上帝的觀點呢？有時候，我們的問題似乎充斥在每一處。你認為上帝是怎麼看待這些問題呢？

誡命

You shall have no other gods before me.

　　這是彼得在加利利海邊一場暴風雨夜晚所得到的教訓。當晚巨大的風浪使彼得陷入驚慌之中，並且喊叫著：「主啊，救我！」（太14：30）

　　「耶穌趕緊伸手拉住他，說：『你這小信的人哪，為什麼疑惑呢？』」（太14：31）

　　害怕與恐懼來自缺乏信心，他們也同時違反第二條誡命，因為他們所顯現出來的是：在他們心中，上帝是非常渺小的。

絕對不要低估偶像的力量

　　詩篇的作者提到偶像是：「造他的要和他一樣」（詩115：8）。使徒保羅在他的生平中觀察到同樣的景況。他說偶像崇拜者「將不能朽壞之上帝的榮耀變為偶像，彷彿必朽壞的人和飛禽、走獸、昆蟲的樣式。」

　　他說：「因此，上帝就任憑他們存邪僻的心，行那些不合理的事。」保羅解釋「不合理」的事，是指犯了下列的罪，包含：不義、邪惡、貪婪、惡毒、嫉妒、兇殺、爭

競、詭詐、毒恨、讒毀的、背後說人的、怨恨上帝的、侮慢人的、狂傲的、自誇的、捏造惡事的、違背父母的、無知的、背約的、無親情的、不憐憫人的。（羅1：23、28-31）

這並不是很美的畫面，不是嗎？但是你會認為這是誇大的描述嗎？最近我去參觀位於瓦薩卡的阿爾班山（Monte Alban, Oaxaca）令人印象深刻的古文明遺址。那裏有許多古代薩波特克（Zapotec）神祇的形像，這些上帝像有毛蛇，蹲伏的野獸，還有許多人的形狀，忿怒和痛恨的表情扭曲偶像的面容。導遊向我們展示古代宗教儀式的祭壇，那是祭司將活生生的祭品——心臟取出並放置的地方。之後導遊帶我們來到競技場，並解說不論是贏的隊伍或是輸的隊伍都要被殺，當做獻給神祇的祭品。

詩篇的作者這麼說：「造他的要和他一樣」。

中午我回到市中心，並前往當地一間小飯館。這個地方正被卡邦（Ka-boom）——流行節奏的卡邦給震動著，還有一個現代「偶像」尖聲喊唱著：

誡命

You shall have no other gods before me.

「白日我夢想到性。

晚間我也想到性。

所有的時間我都想到與你做愛。」

接下來聽到的這幾首歌與前者唯一不同之處是，它們使用更多街坊用語去重複同樣的訊息。

誰能夠去懷疑這些現代的偶像們與古代神祇，對人類有同樣的影響力呢？造他們的變成和他們一樣，這仍然是真確的。現代偶像崇拜導致的結果，在很多方面已經超越使徒保羅那個年代所描述的。

直到千代

許多人非常驚訝地發現，第二條誡命提到一個對偶像的嚴重警告：「不可跪拜那些像；也不可事奉它，因為我耶和華──你的上帝是忌邪的上帝。恨我的，我必追討他的罪，自父及子，直到三四代。」（出20：5）

讓人驚訝的，上帝說祂是「忌邪的」。此外，祂聲稱，直到三、四代都要因他們祖先所犯的罪而受苦。

　　人們的問題來自於對文句表面初淺的了解。請留意追討他的罪「直到三四代」，並不是指憤怒的上帝對人採取報復的行為。這條誡命很明白地表示，「降臨」在人身上的是「祖先的罪惡行徑」。這是使徒保羅先前提到的部分。他說偶像崇拜，是指高舉受造物於造物者之上，這行徑除去了墮落邪惡行為的阻礙，打開了它的閘門。當人們變得像他們的偶像一般時，世上就會充滿著暴力，而且人們也會把他們的心交給「不義、邪惡、貪婪、惡毒、嫉妒、凶殺、爭競、詭詐、毒恨」（羅1：29）。因此他們會變成「讒毀的、背後說人的、怨恨上帝的、侮慢人的、狂傲的、自誇的、捏造惡事的、違背父母的、無知的、背約的、無親情的、不憐憫人的」（羅1：30－31）你認為生活在使徒保羅所描述的社會是一種處罰嗎？這是追討「直到三四代」的結果。第二條誡命是上帝給我們的一個警示，以避免陷入這致命的結果。這是為什麼祂是「忌邪的」。人類的忌妒是自私自利的表現，但是這條誡命很清楚地表達，上帝為祂的子民而忌邪。

　　相反地，上帝的憐憫和「慈愛」，將會給予這些愛祂、守祂誡命的人，直到「千代」（出20：6）。這裡所指的是永生的承諾。耶穌說：「父啊，我在哪裡，願你所賜給我的人也同我在那裡，叫他們看見你所賜給我的榮耀；因為創立世界以前，你已經愛我了。」（約17：24）

自由的信息

　　第二條誡命是第一條誡命完美的補述。決定將上帝放在生命中心的人，不會允許任何事情佔據這位造物者所屬的位子。對於真正的敬拜，也不會再有任何的疑慮困惑，因為他們已經把任何在生命中削弱上帝重要性的事情除去了。

　　這些謹守第一條誡命、第二條誡命，同時也遵行其他條誡命的人，將會是完全的人。如果我們愛上帝——如果祂是我們生命中掌權的，我們的心對其他人也會滿溢著愛。

　　使徒雅各稱十誡為「全備、使人自由之律法」（雅1：25）。此時此刻，我們只看到這個訓誡的兩個部分，但是全備和自由的意義已經很明顯了。如同詩篇的作者提到：

「愛你律法的人有大平安，什麼都不能使他們絆腳。」

（詩119：165）

配得尊崇之名
A Name To Honor

 要求我們尊主的名為聖

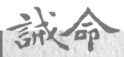

第一誡：除了我以外，不可有別的神（You shall have no other gods before
me.）

第二誡：不可為自己雕刻偶像（You shall not make for yourself an idol.）

第三誡：不可妄稱耶和華的名（You shall not take the name of the Lord your
God in vain.）

第四誡：當守安息日，守為聖日（Remember the sabbath day, to keep it holy.）

第五誡：當孝敬父母（Honor your father and your mother.）

第六誡：不可殺人（You shall not murder.）

第七誡：不可姦淫（You shall not commit adultery.）

第八誡：不可偷竊（You shall not steal.）

第九誡：不可作假見證（You shall not bear false witness against your neighbor.）

第十誡：不可貪心（You shall not covet your neighbor's house, wife, servants,
cattle, nor anything that is his.）

III 誡命 You shall not take the name of the Lord
your God in vain.

配得尊崇之名

第三條誡命——出埃及記20：7

不可妄稱耶和華——你上帝的名；因為妄稱耶和華名的，耶和華必
不以他為無罪。

當我太太和我住在瓜地馬拉的巴里奧斯港時（Puerto
Barrios, Guatemala），我們認識一個熱心、凝聚力非常
強的家族。這個經驗令人難以忘懷。當我們拜訪他們家的
時候，他們以非常瓜地馬拉式的熱情，一個接著一個站起
來介紹他們自己。第一個介紹的是家族的媽媽，卡門瑞耶
女士。她說她先生不在場，是因為他不再住在家族裡。她
很傷心地告訴我，「當我們開始學習認識上帝的話語時，
他變得非常生氣，然後就離開了。」

然後其他人依序介紹他們自己。最年長的說：「我是伊

莎貝爾・瑞耶，你謙卑的僕人」。

「瑞蒙・迪亞斯」，帥氣的十七歲年輕小伙子介紹他自己，這是她的弟弟。

「瑪莉・瑞耶」，下一位很害羞地自我介紹。

在他們之間爽朗的笑聲和玩笑聲中，他們繼續一一介紹他們自己。我們很好奇的是，他們當中有一些姓瑞耶，有一些姓迪亞斯。雖然我們不好意思直接問他們，但是他們很快地說明白。他們說：「我們的爸爸，他喜歡喝酒，每當我們中間有一個人出生時，他就會想這是一個大肆慶祝的好機會。在這樣的情況下，他會前往市政廳去幫我們報戶口。當書記官問他：『這個孩子的父親是誰？』有時他會回答他的名字，有時候他會說：『誰知道？我不知道這個孩子的父親是誰！』。他以為這樣很風趣，但結果是，我們當中有一些被官方認定為他的孩子，並且隨從他的姓。然而其他人則不是，所以有些人從母姓。」

這個家族已經接受這樣的事實，當然我們沒有做任何評論，但是當我們離開那裡時想起：多麼可悲！知道你的父

親不認你，甚至沒有讓你從父姓，那是什麼樣的感受？

耶穌告訴我們一個男孩得罪父親並且離家的故事。最後，經過很大的痛苦折磨，他恢復理智並回轉返家。這裡我們發現聖經中最美的一個段落，它是這樣寫的：「相離還遠，他父親看見，就動了慈心，跑去抱著他的頸項，連連與他親嘴。」（路15：20）耶穌試著向我們顯示，上帝對這些回轉向祂的人所表現的態度。

耶穌祂自己這麼說：「到我這裡來的，我總不丟棄他。」（約6：37）祂接受了全部的我們。也許我們來到祂面前的態度是猶豫的，一半懷疑，一半相信，或是幾乎不能了解是否還有希望。不過都沒有關係，關鍵字是「來吧！」，任何來到祂面前的人，將是「他在愛子裡所賜給我們的」（弗1：6）。沒有人會聽到這樣的話語「我不知道這個小孩是誰的」。在基督裡，我們都是祂所認定的孩子；我們都是合法的兒子或女兒。

祂說：「你不要害怕！因為我救贖了你。我曾提你的名召你，你是屬我的。」（賽43：1）。多麼美好的保證！還有

更多。「你從水中經過，我必與你同在；你趟過江河，水必不漫過你；你從火中行過，必不被燒，火焰也不著在你身上。」（賽43：2）這樣的祝福是給「稱為我名下的人」（賽43：7）。

請留意這並不表示上帝的子民就不會遭到苦難。他們可能「從水中經過」，甚或「從火中行過」。但是上帝的應許是：「水必不漫過你」和「火焰」也不著「在你身上」。在最痛苦的時刻，「我必與你同在」。為什麼呢？因為你是「稱為我名下的人」，因為「你是我的」。

能配得天父的名這是何等的殊榮。使徒保羅想到這裡，就跪下來大聲說出：「因此，我在父面前屈膝，天上地上的各家，都是從他得名。」（弗3：14－15）。使徒約翰也說：「你看父賜給我們是何等的慈愛，使我們得稱為上帝的兒女！」（約壹3：1）

我們如何可以確定我們配得上帝的名？

也許你發現你自己正想著，我如何配得祂的名？我如何

You shall not take the name of the Lord
your God in vain.

確定不論是在地上天上，都是上帝國度的一分子？如果你這麼想，先恭喜你。這是你一生都可以問的問題，這是非常重要的。

主耶穌基督在教導祂的門徒時，已經給我們這些答案。祂告訴他們：「所以，你們要去，使萬民作我的門徒，奉父、子、聖靈的名給他們施洗。」（太28：19）藉由施洗，我們能夠擁有這樣的聖名。

當你聽到「受洗」這個字，你心中的想法是什麼呢？

「嗯！」一個年輕人曾告訴我，「當我聽到這個字時，我想起我姪女的受洗儀式。他的父母親把她抱在懷裡。所有的親戚和朋友都站在他們旁邊，在洗禮盆的旁邊圍繞成一圈。我們全都聆聽著，當牧師用聖水輕觸他的額頭，並宣告嚴肅的話語：「『Ego baptizo te in nomine Patris, et Filii, et Spiritus Sancti. Amn』

之後我們都很虔敬地說：『阿們』。」

那個場合牧師所說出的拉丁文baptizo，是來自一個相同的希臘文語辭。在第一世紀，一般民眾用這個字，所指的

意思是把東西放進水裡的一個動作。當施洗約翰——「施洗」，按照字面來說是「施洗者」——開始在約旦河為人施洗時（約3：23），這個儀式不是新的，因為猶太人有他們潔淨的儀式，他們將自己沉浸在水槽中，以洗盡他們的不潔淨。

使徒保羅也把基督教受洗儀式跟這些猶太儀式連結在一起，稱它為「重生的洗」。（多3：5）但是在他的羅馬書信中，他加了一個新的觀點以增添這個象徵意義：「我們藉著洗禮歸入死，和他一起同葬」（羅6：4），在另外一個地方，保羅再次解釋他所指的意思：「我已經與基督同釘十字架。」（加2：20）

這樣的轉變，在我們將生命轉向基督時發生了，它是如此巨大，以致於用「死亡」，甚或用「釘死於十字架」來描述這個改變，並沒有誇大其辭。這曾是我們對待罪人的手法。當我們藉由心意更新變化而轉變時（羅12：2），舊的失序和毀滅性思想模式就消失了，新的體驗和新的價值將取而代之。我們的動機和目標也不再一樣，所以可以這樣

說，過去的我已經死了，新的我才剛剛誕生。水洗是將那個老我給埋葬了。

同時，這是慶祝新生；是一個出生的宣告；是那無形的事之有形見證，雖然並非真的重新出生。它公開地宣告一位全新的和不同的我，已經在這舊屋裡居住。

孩子長得像他們的父親

當一個小朋友誕生，人們喜歡尋找他跟父母親的相似處：

其中一個說：「他的鼻子像媽媽。」

媽媽卻說：「他像我的珍妮阿姨。」

「不！」他父親驕傲地說：「我覺得他長得像我。」

如果我們真的藉由「新生」成為上帝的孩子，我們會像我們的天父。「他很友善又有耐心，」或是「她很謙虛也很樂意幫助別人，」當人們這麼說我們的時候，他們會再加上一句：「這真是天父的孩子。」

耶穌說：「愛你們的仇敵……這樣就可以作你們天父的兒子。」（太5：44－45）

為什麼對仇敵友善的行為，就可以證明是上帝的孩子呢？那是因為上帝就是一位這樣的上帝。「因為他叫日頭照好人，也照歹人；降雨給義人，也給不義的人。」（太5：45）

聖經告訴我們，不可妄稱耶和華你上帝的名，這幫助我們了解第三條誡命的意義。

妄稱耶和華你上帝的名是指，我們稱自己為上帝的兒女，但我們的行為卻依舊行如往日。這意味著我們空有神聖之名，生命卻完全沒有任何改變。因此，這相當於採用家族的名字，但卻不屬於這個家族。

這個名字值多少錢？

當泰瑞海契控告倫敦「每日體育報」（Daily Sport）時，她的名字非常值錢。這報紙發布一篇報導，指出當這個女明星出去跟情人約會的時候，將七歲大的女兒鎖在家中。法庭認同這篇報導已經毀謗她的名譽，出版商必需付出高額的賠償金以賠償對她的傷害。

你會怎麼談論上帝的名值多少錢呢？當我們沒有活出基

督徒的樣式，我們會使祂看起來非常糟。我們是陷這個家族的名聲於汙泥中。使徒保羅提到他那個時期許多人所做的事，宣稱「上帝的名在外邦人中，因你們受了褻瀆。」（羅2：24）

當我們輕率地或嘲弄地使用祂的名字，亦或是將祂的名字用在粗俗猥褻的言語上，都會使祂看起來非常的糟糕。當我們這麼做時，我們等於是告訴大家：上帝的名不是神聖的，對我們而言一點都沒有價值或是重要性。用上帝的名去證明虛假的事，或是無法達成以祂之名所做的承諾，都是很嚴重的事。

守住承諾

在第一章我做了一個承諾。我提到絕對不會要求你盲目地接受這本書裡的觀點，但是你有許多機會去測試其真實性。在這個案例中，你要如何去測試呢？

如果這是一個主觀哲學的議題，那麼它將只是表述各式各樣的看法，並且去討論它。在簡單主觀的省思和好奇的

建議下，每當我們冥想和沉思的時候，我們可以從各個角度去看他們，將他們轉化至我們的心中，但是這裏所提的並不是這種情況。

在這裏我們討論的是「誡命」，每一條誡命都是以命令式的方法陳述。它並不是説：「似乎對我而言，如果你們沒有別的上帝會比較好」或是「你真的必需想一想抛棄拜偶像的可能性。」它們對我們的要求是順服。

這意指要藉由應用，而非藉由分析，去查驗這些論點。正因為這個理由，「證實其真實性」會帶來奇妙的結果，而這樣的結果會出現在實行這些誡命之人的生命中。

第一條誡命鼓勵我們去愛上帝，並把祂放在我們生命中的首位。第二條誡命更進一步去解釋它的含意。現在第三條誡命結合前述兩條誡命告訴我們：你將要怎麼做呢？你要接受你的天父給你的這個邀約嗎？你要將祂放在生命中的首位，並擁有祂的名和祂的品德嗎？

我們的答案將會決定，祂是否會將滿溢的祝福傾倒在我們的生命中，如同祂的話語所承諾的。

尋求平安
Finding Peace

我們安息表明我們信靠上帝
對我們有完美的供應。

第一誡：除了我以外，不可有別的神（You shall have no other gods before me.）

第二誡：不可為自己雕刻偶像（You shall not make for yourself an idol.）

第三誡：不可妄稱耶和華的名（You shall not take the name of the Lord your God in vain.）

第四誡：當守安息日，守為聖日（Remember the sabbath day, to keep it holy.）

第五誡：當孝敬父母（Honor your father and your mother.）

第六誡：不可殺人（You shall not murder.）

第七誡：不可姦淫（You shall not commit adultery.）

第八誡：不可偷竊（You shall not steal.）

第九誡：不可作假見證（You shall not bear false witness against your neighbor.）

第十誡：不可貪心（You shall not covet your neighbor's house, wife, servants, cattle, nor anything that is his.）

IV 誡命

Remember the sabbath day, to keep it holy. Six days shall you labor and do all your work. But on the seventh day, you shall not do any work.

尋求平安

第四條誡命──出埃及記20：8-11

當記念安息日，守為聖日。六日要勞碌做你一切的工，但第七日是向耶和華──你上帝當守的安息日。這一日你和你的兒女、僕婢、牲畜，並你城裏寄居的客旅，無論何工都不可做。因為六日之內，耶和華造天、地、海，和其中的萬物，第七日便安息，所以耶和華賜福與安息日，定為聖日。

我不知道有多少次，以旅客的身分──來往於瓜地馬拉東北部海岸線的利雲斯頓（Livingston）港口，我想一定是很多次。然而，這一次旅途卻很不一樣。

當我們駛離巴里奧斯港（Puerto Barrios）的碼頭時，大約是傍晚五點左右，但是天色已經開始變黑。大雨下個不停，大家無法享受舺板上的微風，只好都擠進客艙。我們離開海堤時，暴風雨無情地打在船身上。

　　強勁的風夾雜著雨，以一種幾乎足以使窗戶破裂的強度猛烈打擊著窗戶。我用一隻手抓住前方的艙壁以免滑倒，另外一隻手扶住我的頭，想要抑制這不斷冒出的嘔吐感，但是隨著波浪的上下搖擺，情況卻更加惡化。對話幾乎是不可能，但是我可以聽到呻吟聲，偶爾伴隨著來自其他乘客的禱告聲和詛咒聲。在之前的行程中，從沿岸房屋向我們不斷閃爍的遠方燈光，可看出我們的行進方向。現在我們幾乎不能辨識船頭。

　　這個行程通常是九十分鐘，但是這個時刻感覺似乎是沒有終點。事實上，當突然間一片沉寂時，我開始想船長必定是迷路了，而且我們正航向大海。不久船身不再上下搖晃，開始穩定地劃過水面往前開，我們可以看到穿過大雨，位於遠方終點的燈光。

　　這裏的差異性是什麼呢？暴風雨並沒有結束，但是我們已經進入港口的避難處。遠處的海面波浪仍然洶湧無比，可是無法嚇阻我們，因為我們已經航向避難所，我們已經安全了。

聖經告訴我們，世界被創造的初始，是沉浸在暴風雨中的，比今晚我所經歷的有過之而無不及。在無法穿透的黑暗、水、空氣、岩塊的包圍中，世界產生極大的漩渦（創1：1-2）。註1

然後，上帝說，要有光，光就出現。祂再開口，大氣出現，陸地呈現，山岳上升，海水覆蓋著海床。這些細節告訴我們的是，創造的過程是一種從無序到有序的活動，從騷動到平靜的過程。

注意上帝記錄祂對這一切感到滿意，是很有趣的事。創世記1：10指出：「上帝看著是好的」。為什麼在創造世界的第三天，在這樣精準的時間點上，聖經第一次寫出這句話？也許是因為光、空氣、水和陸地已經存在了。它們是世界賴以生存的四個重要元素。換句話說，它們使一切就緒，以進行下一個階段。

同一天不久後，陸地著上一層綠色的披衣。草、闊葉菸草、地衣和蕨類植物出現在陸地上，雄偉的樹伸出往天空延伸的枝幹，松樹和花朵使大地色彩繽紛，又讓空氣中彌

漫花香。

　　植物運行著令人驚歎的光合作用，為的是要供應動物的需要，製造食物和氧氣。在同一天，聖經第二次寫：「上帝看著是好的」（創1：12）。

　　第五天和第六天稍早時，上帝又說，在天上飛的、水中游的、陸地上爬行及行走的生物，都要充滿於海、陸地和天空。再一次，造物者表達祂滿意這一切的結果（創1：25）。

　　之後上帝說：「我們要照著我們的形象，按著我們的樣式造人，使他們管理海裏的魚、空中的鳥、地上的牲畜和全地，並地上所爬的一切昆蟲。」（創1：26）

　　讓聰明的受造物治理全地，是上帝依序結束混沌的最後一步。之後，以非常喜樂的心情，造物者回顧祂所完成的工作，這時祂並不單單認為這是好的。聖經寫著「都甚好」（創1：31）。

　　科學向我們證明，物質是由電子和質子組成，它們是一種能量的形式，但有緊密的組織。物質被分類為許多元素，一開始是最輕和結構最簡單的氫，最後是放射性的重

元素，這樣的元素非常易變，以致於只能存在一瞬間。

　　元素結合在一起形成分子，包含了從簡單的分子，到非常複雜、僅存活在有機體裡的分子，所以它們被稱為有機分子，例如食鹽。蛋白質裡的單一分子，可能有數千萬個原子。每一個活的有機體，從最微小的細菌到最大的鯨魚，都含有許多分子。

　　所以，甚至連元素和分子這樣細微程度的東西，都是朝向秩序和組織來創造。在這過程的每一步驟裡，都包含了數千或在某些情況下數十億次的改變。

與自然相反的定律

　　物理學家結合熱力學（thermodynamics）三個定律。其中第二個定律闡述自然界所有的系統，展現一個恆定的傾向和行動，邁向衰變、混亂和失去能量。科學家稱之為「熵」的原則。

　　「創造」很精準地做了相反的事。透過大量複雜的生化和物理轉變，上帝把一個混亂的星球變成一個有秩序的世

界。當祂看著是好的,是因為暴風雨已經結束,失序的狀況已經被控制,混亂消失,整個世界在每一個不同的部分和關係上,是處於一個和平共生的狀態。造物者將每一項元素、每一個細節,都設計來互相依存。我們可以很清楚的得到一個訊息,所有的事證明了上帝的愛還有祂無盡的智慧,祂設計了這個世界,並把它付諸實現。

創造結束時,在上帝最後的宣言中,並沒有發現任何的巧合,聖經告訴我們:

(a)上帝看著一切都甚好

(b)祂就安息了

很明顯的,造物者安息跟疲累是沒有關係的。當「秩序」取代「混亂」之時,安息就臨到。暴風雨之後就有平靜,平安與平靜取代了風暴。上帝看世界安息,接著祂安息。

一切完工

這裡有一段上帝的宣告。請特別留意我按數字所列出的一些名稱:

Remember the sabbath day, to keep it holy. Six days shall you labor and do all your work. But on the seventh day, you shall not do any work.

上帝看到一切祂所做的（1）祂看著一切都甚好。有晚上、有早晨，這是第六日。因此，天地萬物都造齊了（2），還有掌管這一切的人。第七日之前，上帝已經完成（3）祂所做的工已經完畢，（4）在第七日歇了祂一切的工，安息了（5）之後，上帝賜福給第七日，定為聖日，因為在這日上帝歇了一切（6）創造的工（7）就安息了（創1：31－2：3）。

在這簡短的訊息中七次提醒我們，宇宙是一件完成的工作。這意指上帝「安息」——即是祂停止一切的工，因為祂已經完成祂神聖的任務。這個觀點是沒有任何疏忽出錯——沒有什麼是被遺漏或是忽略的。所有的一切都和諧共處。「上帝看著一切所造的都甚好。」

完美供應的證據

有一個實例可以說明這個觀點的重要性。試著想像：亞當剛開始被創造的那個時刻，他可能突然跳出來說：「主啊！難道你不需要我幫你什麼忙嗎？」

　　這時上帝可能微笑並回答：「不，亞當，這一切都已經完工了。」

　　「但是一定有什麼是我可以做的！也許我可以在蝴蝶的翅膀畫上一些裝飾品。」

　　「不，蝴蝶的翅膀上已經有牠們的顏色了。」

　　「嗯…也許我可以教鳥兒如何唱歌。」

　　「不，牠們已經知道如何唱歌，甚至比你想像中的還要更好。」

　　「如果我想要確認空氣中是否有足夠的氧氣，可以嗎？你知道少一點或是多一點是很危險的，也許我可以幫你測試。」

　　「不，我已經處理好了。」

　　「但是主，一定有什麼是我可以做的。」

　　「是的，事實上的確是有。」

　　「主啊，那是什麼呢？」

　　「我要你安息。」

　　「安息！當我什麼都沒做時，我如何安息呢？」

「我要你相信我，亞當。你需要相信，事實上所有的工作都已經完成了。我已經完全且完備地供應你一切所需。」

這是在第七日安息的意義。如果上帝在一星期之始創造人類，並要求我們在某些部分幫忙，或是詢問過我們的意見，我們可能有一些功勞，是嗎？但祂並沒有。安息日的紀念，自始至終都是頌讚上帝所作的工，不是我們所作的。和亞當一樣，我們安息，表明我們接受這個事實，並表明我們信靠上帝，對我們的安康和滿足有完美的供應。這意味著我們要有信心地安息在上帝大能的雙手裡，相信祂的智慧、祂的計畫，和對我們生命的一切供應。

結論是：我們需要承認上帝是造物者，並接受我們是受造物。因此，在更深的一層意涵中，在第七日安息是敬拜的一種表現。

在幾乎所有錯誤的信仰中，包含錯誤的基督教教義，認為敬拜是在從事一些活動。聖經教導我們，敬拜——是放下我們正在做的事，把我們一切的努力和掙扎放在一邊，停止工作，平靜地安息，並且相信為我們做的工已完成。

第四條誡命聲稱：「第七日是安息日」。「安息」這個字的意思是「休息」。第七日是上帝親自指定的安息日。這一日，祂邀請我們加入祂，安息在祂裡面——「第七日……無論何工都不可做」。

藉著安息在祂裡面，我們向世界宣稱，安息日的安息，是藉著信心與上帝建立關係的表號。註2

我們在安息日的安息不只是象徵這樣的關係——它促進並加深這個關係，並成為這個事實的一部分。在安息日安息也宣示我們得到保證，在上帝的愛裡得到平安，同時也強化了這樣的保證。它確認並證實上帝和受造物之間的關係。

這就是為什麼安息日是前三項誡命的補述和保證，目的是要我們敬拜上帝，並將祂視為我們生命中的首位。

我們可以在心中謹守前三條誡命，並以別人不能立刻明白的某些方法，遵行這三條誡命。我們能在心中決定要敬畏上帝，並視祂為生命中的首位。沒有人會注意到我們有沒有崇拜偶像。關於遵行安息日的誡命就不是這樣了。顯然，這是公開的宣告。這是為什麼聖經說：安息日是上帝

Remember the sabbath day, to keep it holy. Six days shall you labor and do all your work. But on the seventh day, you shall not do any work.

與祂的子民之間立約的「證據」（結20：12、20）。

憐憫慈愛的誡命

你知道有多少人對生命的負擔和問題感到絕望與沮喪？我們匆忙並擔心，但總是沒有「足夠的時間」。我們總是覺得負擔沉重地面對生活、維持家計、改善人際關係、教育孩子、照顧健康、獲得學位、付帳單、追求事業成功。有數以萬計的事情，盤據我們的心思意念，問題是我們是有限的，而生活從未停止要求更多更多的東西。英國知名富商賽西爾・羅得斯爵士（Cecil Rhodes）死的時候，也許會說：「完成的這麼少──還有許多要去做。」今日無數的人都對他的挫敗感頗有共鳴。

生活中刺耳的要求還有狂亂的事件，就像墓穴的口那樣永遠不會喊「足夠」，這時，偉大的造物者上帝賜給我們安息。美國小說家沃克（Herman Wouk）評述：「安息如同母親，伸出臂膀抱住疲累的孩子。」

「六日要勞碌做你一切的工」，這是誡命所告訴我們

的。這是撥給你的時間，這時你要工作，努力並盡你們所能的去做。但是這一切都有一個限度——安息日，在安息日你要安息。

第四條誡命要求我們工作，但並不是說：「做到累死為止」。其中也沒有告訴我們要持續辛苦工作直到工作，完成——或是我們必須做到工作完成後才可以得享安息。而是指出，你將要工作，但是對你所做的要有一個限度。

安息日是一個生活的比喻，因為它告訴我們，到了日子結束的時刻，我們仍然會屏住最後一口氣，想著更多想要做的事——只要我們有時間。它教導我們，在那撥給我們的時間裡，盡力做好我們的事，然後安息。從這當中，我們學到在衡量我們的成就時，不要依照我們自己完美的標準，而是依靠上帝的愛。

創造我們的那一位知道我們心中自私的野心，有時甚至是我們真誠想要做到最好的欲望，使我們做得過度。因此，祂將十誡中的第四條訓誡視為憐憫慈愛的誡命。

「六日要勞碌做你一切的工，」然後祂說：「第七日便

Remember the sabbath day, to keep it holy. Six
days shall you labor and do all your work. But
on the seventh day, you shall not do any work.

安息」。

耶穌在世的日子提醒人們，「安息日是為人設立的」
（可2：27）。這對我們是有益處、有保護作用且非常寶貴
的禮物。安息日是遠離我們生命中無止盡風暴的停泊港、
避難所，它是一處綠洲，讓疲憊的旅人再次邁向人生旅程
時，可以獲得恢復與更新。

破碎世界中的安息

「上帝豈是真說不許你們吃園中所有樹上的果子嗎？」

這似乎是一個無知的問題。

女人不加懷疑地回答。她想為上帝辯護，不讓上帝受到
誤會的指控。她說：「不是真的！」。「園中樹上的果
子，我們可以吃；惟有園當中那棵樹上的果子，上帝曾
說：『你們不可吃，也不可摸，免得你們死。』」

敵人得意地笑著說：「你們不一定死，因為上帝知道，
你們吃的日子眼睛就明亮了，你們便如上帝能知道善
惡。」（創3：1－5）這是上帝不想讓你知道的。祂隱瞞了對

你有好處的訊息。

　　安息日是一個信心的信息：「相信我並接受這樣的事實，我已經給你們完整的供應。」但是敵人的訊息卻是相反的：「上帝完整的供應並不是真實的，還缺了什麼東西。你必須將自己與祂的計畫區隔開來，選擇你自己的道路，自求多福。」

　　藉由接受敵人的誘惑，亞當和夏娃以不信任、不順服上帝的態度，選擇加入敵人那一方。因為這樣，就帶來一個額外的需要，那就是上帝解救人類脫離困惑，恢復他們對上帝的信心、信任及順服關係的計畫。

　　當上帝結束祂的工作，完成創造大工享安息時，是星期五。同樣，耶穌完成祂救贖的工作時，也是星期五。當祂低下頭斷氣時，祂說：「成了！」（約19：30）

　　在那之後，門徒有足夠的時間，將祂的身體從十字架上取下，並把祂放在約瑟的墓中。當他們趕緊離開的時候，太陽下沉，經上記載，「安息日也快到了」（路23：54）。接著，救世主第二次在完成工作之後的第七日安息了。

安息日是為了紀念上帝對這個完美世界的供應，並且呈現另一種意義。從那一天開始，它也象徵另一個對這罪惡世界的供應——那就是祂救贖、醫治，並恢復我們對祂信心和信任的關係。

安息日的第二個意義，早在十字架之前就預備好了。當上帝在西奈山給我們十誡時，祂藉由指向造物者來解釋安息日的理由。但是當摩西四十年後重述十誡時，他清楚地預示引述第二個理由：「你也要記念你在埃及地做過奴僕；耶和華——你上帝用大能的手和伸出來的膀臂將你從那裡領出來。因此，耶和華——你的上帝吩咐你守安息日。」（申5：15）

上帝創造人類是要他們扮演管理者的角色（創1：26-27）。身為奴隸卻是相反的意思。上帝不只解救以色列人脫離原來奴隸的生活，也要恢復他們對上帝信任的關係（出19：4），提升他們成為「君尊的祭司」，讓他們恢復真正管理者的角色（創1：5-6；彼前2：9；啟5：10）。

因此，安息日同時是對創造和救贖計畫的頌揚。

　　我們已經了解，安息日具有前三條誡命補述和保證的意義。安息日是脫離奴役、被救贖的記號，它也讓我們意識到，需要去尊敬我們的同胞。它告訴我們，要記得我們是從那個磐石被鑿而出，是從那一處巖穴被挖而出（賽51：1）。第四條誡命也為其他六條誡命帶來意義，這六條誡命是要處理我們對其他人的責任（申16：11－12）。

進入祂的安息

　　許多時候，熱力學的第二條定律，似乎要試著強加諸在我的生活中，而失序的定律就要戰勝一切。我甚至想到往利雲斯頓港口的旅程中，那個發生暴風雨夜晚的經驗，已註定成為我生命中永遠真實的歷程。

　　我猜想：當使徒保羅困惑的時候，他會有這樣的感受：「因為我所做的，我自己不明白；我所願意的，我並不做；我所恨惡的，我倒去做。……我是喜歡上帝的律，但我覺得肢體中另有個律和我心中的律交戰，把我擄去，叫我附從那肢體中犯罪的律。」（羅7：15－23）

　　偉大的使徒坦然承認，他就是一個很平常的人，在他生命中，內心的交戰就如同我們每一個人所經歷的一樣。每一個確信有必要改善和變好卻發現自己仍舊陷在惡習和情慾交戰中的人，都能瞭解並領會這種經驗。

　　我們不是常在永無止盡的責難，在風暴中載浮載沈嗎？可以不是這樣的。同樣的一段話，使徒告訴我們如何找到避風港。保羅宣稱：「靠著我們的主耶穌基督，」（羅7：25）。「那些在基督耶穌裡的就不定罪了。因為賜生命聖靈的律，在基督耶穌裏釋放了我，使我脫離罪和死的律了。」（羅8：1-2）

　　在聖經的其他處，提到安息日是上帝應許給祂子民靈性安歇的印記。「這樣看來，必另有一安息日的安息為上帝的子民存留。因為那進入安息的，乃是歇了自己的工，正如上帝歇了祂的工一樣。」（來4：9-10）

　　亞當接受上帝在完成創造之工時所給予的一切完美供應，他藉由在安息日安息，來證明自己接受這樣的事實。基督徒與他一起做同樣的事，一同讚揚上帝創造的美善與

慈愛的供應。安息日的時刻，我們藉著脫離慣性活動的慌亂腳步，以及跳脫出生活壓力的影響，提醒自己，世界並不會聽命我們而旋轉，太陽也不會聽命我們而在早晨升起，花朵不會應我們的要求而綻放，這個被創造的世界即使沒有任何來自我們的幫助，也會在各方面有很美好的進展。在安息日，我們身體的安息，是頌揚和認同自然界給予我們非常美好的供應，正如同世界創始之初，上帝所給予祂子民的。

我們對耶穌的信心，為這一切注入了榮耀豐富的新視野。如同希伯來書第四章指出的，現今安息日安息的意義，是指我們接受基督已完成在十字架上救贖我們的工作。

因為這完成的工作，基督徒可以「不必藉由他的行為得到安息」，那就是不必沮喪無助地努力，想藉由個人良好的行徑去獲得救贖。我們單單只靠信心接受，當基督說「成了」時就完成了，而且祂為「一切信祂的人」成就了完整和無限救贖的工作（約3：16）。

在第七日安息，對上帝的信任和信心的經歷，具有象徵

的意義並深植我們心中，它是「上帝所賜，出人意外的平安」（腓4：7）。這樣的安息，是所有「在耶穌基督裡」的人所能擁有的。

也許你會想該做些什麼事。我鼓勵你不要再猶豫，以喜樂和信心的腳步，安息在安息日裡。「我們既蒙留下，有進入他安息的應許，就當畏懼，免得我們中間或有人似乎是趕不上了。」（來4：1）

註1：我不需要為了將創世紀前幾章當作真正的歷史而感到抱歉。然而我了解某些人的焦慮，如果他們所認同的是不一樣的。他們相信這些聖經故事不能代表真正的事件。不論在那一個案例，很明顯的是任何想要了解十誡的方法都和這幾個章節有關，因為它們是了解這些道德律例最根本的部分，事實上是了解聖經裡所有信息最根本的部分。

註2：很諷刺的，不是嗎？有些人指控遵守安息日的人是相信靠行為得救的，但事實上它的意思剛好是相反呢？

親子關係

Parents And Children

V 告訴我們孝順父母的意義。子女對待父母的態度
會影響自己品德的發展，也可使自己蒙福。

誡命

第一誡：除了我以外，不可有別的神（You shall have no other gods before
me.）

第二誡：不可為自己雕刻偶像（You shall not make for yourself an idol.）

第三誡：不可妄稱耶和華的名（You shall not take the name of the Lord your God
in vain.）

第四誡：當守安息日，守為聖日（Remember the sabbath day, to keep it holy.）

第五誡：當孝敬父母（Honor your father and your mother.）

第六誡：不可殺人（You shall not murder.）

第七誡：不可姦淫（You shall not commit adultery.）

第八誡：不可偷竊（You shall not steal.）

第九誡：不可作假見證（You shall not bear false witness against your neighbor.）

第十誡：不可貪心（You shall not covet your neighbor's house, wife, servants,
cattle, nor anything that is his.）

Honor your father and your mother.

⌒親子關係

第五條誡命──出埃及記20：12

當孝敬父母，使你的日子在耶和華──你上帝所賜你的地上得以長久。

艾倫妮（Eleni Gatzoyiannis） 生在希臘，內戰發生時她被迫離開家園（1946－1949）。當共產黨員佔據她的家以建立總部時，她讓他們擁有它。當共產黨員要她為社區改造計畫工作和徵召她的長女從軍時，她沒有拒絕。她仍盼望這一切都是暫時的，相信有一天所有的事都會恢復正常。

然而那時，共產黨員宣布，他們將帶走她六歲及八歲的孩子，去另一個國家接受共產黨的改造訓練。在她內心深處，她知道絕不可任他們這樣做，並著手計畫逃跑。她知

道如果她試著帶他們穿越防線到下一個村莊，在那裡他們的叔叔可以幫助他們，不過他們幾乎不可能成功。但是她精準地推論著，如果兩個孩子沿著路一起走，應該不會引起太多的注意。凌晨曙光乍現之際，她帶著兩個孩子盡全力往前走。之後給他們一個熱情地擁抱，然後她驅使他們前進。那時兩個男孩回頭看到的最後一個景象，就是他們的母親仍在遠處向他們招手。

當共產黨員為這兩個男孩來到她面前，她試著拖延他們，但不久後就真相大白。反叛軍領袖將她拘禁在她自己房子內的地下室並且折磨她，然後帶她到果園，讓她站在準備就位開槍的小隊前。那些看到這一幕的人提到，當子彈射出前的剎那間，她伸出雙手喊叫著：「我的孩子！我的孩子！」

人都可以了解，為什麼這位勇敢母親的故事，震撼數百萬人的心。它觸動了我們的心弦，因為親子關係在世界的那一個角落都一樣。當情勢所逼的時候，艾倫妮做了所有天下母親都會做的事情。大部分的父母願意為他們的孩子

喪命是無庸置疑的。

　　第五條誡命處理從內心底部發展出最具影響力的關係——談論到的是孩子。很好的理由是：並不是每一個人都結婚，許多人甚至沒有小孩，但是每一個人都在扮演兒子或女兒的角色。和父母親的關係，或是缺乏這樣的關係，都會在我們生命的每一天，影響我們變好或是變壞。這正是第五條誡命所要告訴我們的。它是有關態度和關係的一條誡命。

　　我們不可能改變我們生在哪一個家庭。也沒有任何一個人可以選擇自己的父母親，或是想要依據自己心中所認定的想法來改變父母。聖經的一個作者談到，我們的父母「都是暫隨己意管教我們」（來12：10）。他們可能用了高明的技巧管教我們；或是用許多錯誤和出紕漏的方法管教我們——就像大部分的我們，兩種方式都用過。他們所做的或沒做的，都無可避免地對我們有影響；我們必須鄭重其事地說：「我們對他們的付出所持的態度對我們的影響，更甚於他們選擇用那一種方法管教我們。」這正是這

一條誡命所提出的，親子關係成功的關鍵就在這裡。這一條誡命重心是在那影響我們最早與最多的關係上，而且對這種關係，我們有選擇的權力。雖然我們不能選擇我們的父母或是改變他們，然而我們對他們的態度，卻決定在我們的手上。

多年來我擔任基督教大學紀律委員會的職務。有一天，一位與人有肢體衝突的學生坐在我們桌子的對面。紀律委員會對他犯錯的細節不感興趣，比較在意的是他會不會被逐出校門，答案似乎很明顯。他很憤怒地看著我們，雙手交叉在他的前胸。接下來的面談一點也不令人感到意外。我們所說的和問他的問題，都遭到他怒言相向。不久之後，紀律委員會的會員開始搖頭並互相對看。

幾分鐘過後，很明顯地毫無進展，我說：「保羅，我想知道你想要告訴我們的是什麼？即使是問你很簡單的問題，你都怒氣沖沖。怎麼回事？你想要說什麼？」

他沒有回答，但是他將憤怒的眼光轉向我。我看到他不斷鬆開咬緊的下巴。過了片刻，我繼續問他：「我想或許

誡命

Honor your father and your mother.

你把自己想成跟我們是敵對的關係，彷彿你和紀律委員會是對立的，我們要和你開戰。這是你的感受嗎？」

聽了這些，他的眼神似乎變得柔和一些，但是他仍然沉默，直到我說：「保羅，你和父親的關係如何？你和他在一起的時候也是這樣嗎？所以你把這樣的情緒帶到這裡，是嗎？」

那時，他第一次低下頭，臉上的表情陷入沉思。最後他終於輕輕地說：「沒錯，就是這樣。」

保羅出去後，會受到傷害或是使他父親沒面子嗎？我想也許他會。他絕對有力量這麼做。在生活中，我們發現自己總是被事情的結果所論斷，而非被我們的作為或我們的無為所論斷。在親子關係上更是如此。沒有人能像我們所愛的人那樣傷害我們，這也是真的。

但是，不需要花很多功夫就可以了解，被保羅態度影響最深的人是他自己。因著他未解決的忿怒情緒，他的現在和未來都岌岌可危。那天我們所努力的和接下來的輔導都不成功，面談不久後，他跳下附近的懸崖。

　　保羅的案例清楚地顯示，我們對父母的感受——我們對他們的態度，就是當我們想到他們時，在我們內心所激起的深度反應，這會深刻地形成我們對待所有權威的態度，也多多少少影響我們對其他人的態度。同樣，它也會影響我們與上帝的關係。

　　第五條誡命中的這個原則，是我們能否在學校、工作和婚姻成功的重要基礎。事實上，聖經中第一次提到婚姻，它形容「人要離開父母與妻子連合」（創2：24），所以在某些方面，聖經視婚姻為一種轉移，並且就某個意義而言，是延續我們原先與父母的關係。與原生父母間尚未解決的問題，會導致婚姻的觸礁，同時也會在生命的其他層面出現重大問題。這是為什麼第五條誡命提到，假如我們尊敬我們的父母，我們的生命將會是「使你的日子在耶和華——你上帝所賜你的地上得以長久」（出20：12）。這意味著與父母親的健康關係，是一切良好關係、心靈平安、生活成功的基礎。

Honor your father and your mother.

尊敬是內心的一種態度

十誡似乎可以被分為兩個部分。前四條誡命著重我們跟上帝的關係，其他的六條誡命教導我們如何和其他人相處。第一條誡命告訴我們，要敬拜我們在天上的父，而與人際關係有關的這第一條誡命，則要求我們要尊敬我們的父母。

尊敬跟敬拜一樣是一種內心的態度。所指的不是對父母親某一種特定的行動或行為，而是我們選擇跟他們相處的方法。

使徒保羅告訴我們，第五條誡命需要孩子去「聽從父母」（弗6：1）。當某些人，包含有些父母親，聽到「聽從」這個字，他們馬上會聯想到控制。他們以一種方式詮釋這樣的控制行為，認為就像控制機械的開閥或開關一樣。從尊敬態度而來的「聽從」是一種明智的回應，是積極表達愛和尊敬，而非自動屈服於權威。

請注意有智慧的人是如何強調這個觀念：「我兒，要謹守你父親的誡命，不可離棄你母親的法則，要常繫在你心

上，掛在你項上。你行走，它必引導你；你躺臥，它必保守你；你睡醒，它必與你談論。」（箴6：20-22）請留意他描述的是一種態度。沒有尊敬態度的聽從是一種苦工。事實上，是奴役。

尊敬我們的父母意味著，我們想要藉由我們良好的行為讓他們看起來很好，讓他們順利地幫助我們成功。第五條誡命告訴我們，脫下拳擊手套和不好的口氣，聽他們的建議，心平氣和地跟他們說話，找一些方法向他們表達感謝和尊敬。我們再次聽到智者的話：「你要使父母歡喜，使生你的快樂。」（箴23：25）

尊敬的原則並沒有改變，但在應用上卻有很大的不同，會隨著時間和情境而定。大學畢業不久後，我有幸認識了亨利·巴契（Henry Baasch）。他於1885年生於德國漢堡，是一位經驗豐富、有幽默感和智慧的人。

有一天他告訴我：「你是你父親的兒子嗎？」

「嗯，是的，我想我是。」我回答他，但是不確定他的意思。

誡命

Honor your father and your mother.

他說：「我假設你是，」「你才二十一歲，不是嗎？不要擔心，這一切都會改變的。一開始你的父親是你的父親；之後他就變成你的兒子。你知道嗎？這件事已發生在我身上。現在我的兒子是我的父親。他告訴我該做什麼事，而我必須聽他的。」

尊敬的原則，對五歲或是十四歲的人而言，有不同的表達方式。十四歲的就不會跟二十五歲的人一樣。父母親的缺點和軟弱也隨著年紀而改變。尊敬他們的方式也隨之具有不同的風貌。父母或是孩子不能認同和接受這些情境的轉變，就註定會造成問題。但是當關係良好時，在人生的晚年，我們就更可以體會大衛王所說之話的意涵：

「兒女是耶和華所賜的產業；所懷的胎是他所給的賞賜。少年時所生的兒女，好像勇士手中的箭。箭袋充滿的人便為有福。他們在城門口和仇敵說話的時候，必不至於羞愧。」（詩127：3—5）

當然，甚至父母親離世後，也不會中止我們尊敬他們的義務。我們所做的和我們如何過活，仍然可以使他們很有

體面，讓人懷念。藉由我們的生活，我們可以表達出對他們風範和對他們付出的感謝。

責任歸屬

第五條誡命的重點，在於責任最後的歸屬是在子女，而不是在父母身上。

對我們大部分的人而言，父母親對我們的影響，比世上其他人都來得重要，這是千真萬確的。不論是誰當了父母，都承擔著責任。但是第五條誡命強調的是孩子對親子關係的態度，因為最終它會造成最大的差異。我們的父母可以管教我們，他們可以輔導我們，他們可以立下很好的典範，他們可以為我們哭泣或是為我們禱告。但是有一件事情是他們沒法改變的，他們沒有辦法將決定權從我們身上奪去。我們帶給他們最大的尊敬，不是藉由我們所説的話，或是放在墓前的花束，而是成為一個我們應該成為的人。這樣的掌控權是在我們的手上。

我畢生奉獻於教學，而最令我感到開心的成果之一，乃

是我有非常多的年輕朋友們,他們絕對不會吝於釋出善意
幫助需要的人。如果某一個清晨,我想要將車從車道中推
出,我會等到其中一些年輕朋友們來到我這裡。我呼喊他
們的名字,然後接著問:「我不知道你們是否可以幫我推
一把?」你認為他們會拒絕我嗎?當然他們沒有。

之後當他們幫我推到一個街口,我看他們已經累了,就
說:「好了,我很感謝你們的幫忙,已經推得夠遠了。」
當他們離開之後,我就會看看,是不是還可以找到其他人
來幫忙。

這個伎倆也許沒辦法用很多次,不久後會有人問我:
「你到底要把它推到那裡?你需要我們幫你把它推到加油
站或是修車廠?」

在那個時刻,我必須告訴他們實話。「喔,並不是這
樣,我要去蒙特利,你知道最近的油價已經漲到多少錢
了嗎?」

你想我的計畫會成功嗎?

如同我說的,我認識很多真的很棒的年輕人。他們有好

心腸，而且總是隨時準備好開玩笑或開心的玩。他們的生命中，當有人在對的方向推他們一把時，他們不會反抗或是拒絕。他們會往對的方向前行一下，不久後又停下來玩一會兒，然後等待一些人給他們更進一步的建議。

現在，不要誤解我的意思，我們都需要一些好的建議和鼓勵的話語。在適當時機，有益的精神鼓勵可以讓我們再次出發。也許有時候這包含了某些指正和責難，但是遲早——最好是很快，我們可以開始啟動自己的引擎。沒有人會幫我把車推到蒙特利，也沒有人可以推你進天堂。

看看你是否可以想像以下的場景：有一個女人到達天堂的門口，而且嘗試著在不被引起注意的情況下偷溜進去。看門人說：「等一下，妳要往那裡去？」

「誰，我嗎？」她似乎非常的緊張。「嗯，我讀到經文的這個部分，它說假如我洗淨自己的衣服，用基督的寶血使它們純淨，可得權柄能到生命樹那裡，也能從門進城（啟22：14）。所以這就是我做的，我洗了衣服，然後來到這裡。」

「但是，我注意到在妳的袍子下面藏著東西。那是什麼東西？」

這時，那個女人變得更加緊張，看起來快要哭了。「那個是……，嗯……，是我想要隨身帶來的東西。」

「那是什麼呢？」

終於她的眼淚掉下來。「主，他是我孩子中的一個。我非常希望他可以跟我一起來。拜託你，我可以帶他一起進來嗎？」

現在，如果你想起這個場景只覺得好笑，那麼你並沒有真正明白，有多少父母渴望他們的孩子得到最寶貴的東西，他們的喜樂和平安跟這事緊緊相連結。

但不會是這樣，先知以西結做了一個活生生的比較。他說即使是挪亞、但以理和約伯至今仍活著，憑他們的信心，他們也只能救他們自己不能救別人（結14：20）。就是這樣！因為信心是不能轉移的。

我們有時會説上帝並沒有孫子。沒錯，祂沒有姪女或是姪子，沒有姻親或是其他親戚。祂什麼都沒有，祂只有子

民。這代表的是我們不可能藉由別人的信心，建立跟上帝的關係，或是把他們放在衣擺後面帶進天堂。我們的父母也許是好人，即使是如此，我們應該感恩，並非每個人都有同樣的境遇。但是我們必須做一些超越僅是欽佩父母的事。我們必須自己做決定，並且自己接受耶穌為我們的救主。要建立我們跟上帝的關係，我們必須自己進入禱告和信心的靈修中，自己親身經歷「重生的洗和聖靈的更新」（多3：5）。

這是為什麼第五條誡命是寫給孩子而非寫給父母的，因為那正是關鍵所在。

尊敬的另一面

當然，我們之前所說的，沒有一個會減少或是降低父母親的責任，或是為他們辯解，好像他們在如何處理孩子的問題上沒有什麼責任。孩子對父母親的態度，是像銅板的正反兩面，因為親子間的互動是深深互相影響的。當使徒保羅提到第五條誡命時，他說得很清楚，孩子尊敬父母的

Honor your father and your mother.

責任，跟父母對孩子的責任，是相輔相成的（弗6：1-4；西 3：20、21）。

我們已經注意到，孩子對父母親的尊敬，是一種愛和尊重的態度，而非對威權的自動順服。對父母而言，最重要的問題是：什麼樣的教導和典範是我可以給孩子的？什麼樣的互動模式是我可以加強的，以便促進這種反應？我如何鼓勵我的孩子可以有這樣智慧的回應？

高壓手段和處罰的管教當然不會是答案。沒有理智和沒有自主意志的順服，也不是「尊敬」的表現。

如果我們想要看到孩子擁有來自於他們理性、智慧、善意的反應，當然盡可能越小越好，越常越好（在某些案例中，比我們感到舒服的時間更早或是更常發生）。我們必須開始去獲得更高的能力，記得我們的目標不是去控制，而是去鼓勵尊敬的態度。

獲得我們孩子的情感，並不表示要放棄父母親應有的威權。但是很快地，我們會讓他們盡可能在很多方面自己做選擇。我們需要幫他們尋找一些機會，讓他們可以做合

理的選擇。當然我們不可能去問一個兩歲的小孩：「你想要一些柳橙汁還是一杯啤酒？」但是如果我們找到一些機會，甚至創造一些機會，訓練孩子開始去做選擇，「你想要你的柳橙汁放在藍色的杯子裏，還是有花朵的杯子裏？」在告訴他們「不」之前，或是說「你必須按照我的方法來做之前」，我們得先問問自己：「這真的很重要嗎？」「這樣做有什麼害處呢？」

　　幾年前，大眾心理學開啟了一個「溝通分析」的潮流。「P－A－C」三個字母代表的是父母——成人——小孩（parent－adult－child），這構成理論的基礎部分。這觀念提到，在兩個個體之間，每一次互動都出現在這三種層次中的一個層次。「父母」指正、教導、命令和斥責孩子。「把衣服撿起來放到衣櫃中」。當然，那是指「父母」的介入干預。對這些話必然且適當的回應是「小孩」，或是來自「小孩」的反應：「喔，媽，我真的必須這麼做嗎？」也許小孩會回答：「好的，媽，我會照做。」

　　「A」是「成人」的反應，認為其他人是明智的、樂於

Honor your father and your mother.

做對的事情、且能夠做出對的決定。對於成人的介入,其
自然回應也會是成人的反應。這裡我們所談到的原則,是
指越早越好,越常越好,我們應該使我們的孩子學習成人
對成人的溝通模式。

當我的兒子大衛八歲的時候,每天早上他必須趕上八點
半的校車。我發現叫他準時起床是很困難的事,而且似乎
愈來愈嚴重。每天早上我走進他的房間,然後叫他:「大
衛,該起床了。」

他的答覆,你可以聽到「嗯嗯───────────。」

幾分鐘後,我又說:「大衛!我說你該起床了。你聽到
了嗎?」

「嗯嗯───────────。」

又過了一會兒,現在我完全被激怒了,大喊著:「你現
在趕快滾出被窩!你再不起來,就來不及了!」

當我試著幫他脫去睡衣換上學校制服時,大衛微開他的
眼睛,然後才開始移動。

我讀過「P─A─C」理論,但很明顯的,對我來說沒有

太大的效果。

最後有天早上，我走進大衛的房間，然後大聲地對他說：「大衛！」

「是的？」

「你該什麼時候起床啊？」

這時他睜開藍色的眼睛，很嚴肅地看著我。「我不知道，現在幾點了？」

「六點四十五分。」

他說：「好的，好的，」然後馬上坐起來，開始脫掉他的睡衣。

我希望我可以聲稱，絕不會再犯同樣的錯誤了，但是經驗並沒有強化這條原則：幫助我們的孩子變成有責任感的成人。最好的方法是給他們責任，讓他們越早並越常對所做的決定負責。

我的工作是負責將大衛準時送到學校，藉著這麼做，我將主權從他的手中拿過來。藉著把責任回歸到大衛身上，我幫助他面對真實世界的生活。我幫助他遵行第五條誠

V 誡命 Honor your father and your mother.

命，特別是榮譽感，因為這可以操練自由意志，以理性決定那能與父母親建立良好關係，進而面對生命中其他人的態度。

這是否意味著我們有時容許他們做出一些錯誤的決定？在某些例子中，讓他們因錯誤決定而自食其果，乃是最好的學習方法。當孩子變得更成熟，懂得如何去判斷時，他們就會懂得自治，並對自己負責任。註1

最後之吻

我不記得媽媽第一次親我的時候。那必定是在我還是小嬰孩的時候，因為在我成長的過程中，她確實常親我。我不記得她第一次親我的時候，卻依稀記得最後一個來自媽媽的吻。

時間過得很快，而每一段人際關係都會有壓力和緊繃的時候。這一點並不恐怖或是丟臉，這是正常的。但是如果我們心中有尊敬的最高原則，愛就會被彰顯。之後當壓力威脅我們的時候，也許它會導致痛苦或是悲痛，那時我們

應該想一想親人的最後之吻，因為那個吻的確會再回到我們身上。當你最後一次跟你父母親道別時，你會想要記起什麼嗎？

有一個朋友告訴我，當他的父親年邁時，通常年老的人心智不太清楚。然而，當他父親的生日來臨時，我的朋友決定打電話給他。「爸，生日快樂。」他說，「願上帝賜福給你」。

那一天，他父親的神智似乎恢復，因為他立即說：「不，孩子。福分是給你的。願上帝賜福給你，因為你總是這麼尊敬我」。兩個月後，我的朋友為他父親舉行喪禮。對他而言，當他想起他父親對他說的話語，是多麼大的安慰啊！

我曾經參加一些令人感傷的喪禮，但是從未見過有什麼比永久分開時感到後悔，更令人痛苦和感傷的。

所以，當你還有機會，當你還可以做一些事，讓事情變得不一樣的時候，想一想：想想那最後之吻，因為它的確將會再回來。

V 誡命

Honor your father and your mother.

尊敬你的父母親，那麼，你在世上的時日不只會長久，
也能獲得更多的滿足、平安、喜樂和成功。

註1：「允許兒童有時間做選擇，通常對個人而言是不方便的，如果他們
　　　的選擇跟個人的偏好恰好相反的時候，可能會令人感到很沮喪。如
　　　果在緊要關頭有任何自私的或是敏感的驕傲存在，對大部分的父母
　　　而言，以自然的態度不去控制孩子的行為是很難做到的。」對獨裁
　　　者而言，獨裁至少看起來是比較有效率。然而，在品德上的影響是
　　　阻止理性判斷的發展並造成怨恨，而阻礙了真正利他主義的發展。

獲得控制
Getting Control

要求我們要愛我們的仇敵，
不要以惡報惡。

第一誡：除了我以外，不可有別的神（You shall have no other gods before
me.）

第二誡：不可為自己雕刻偶像（You shall not make for yourself an idol.）

第三誡：不可妄稱耶和華的名（You shall not take the name of the Lord your God
in vain.）

第四誡：當守安息日，守為聖日（Remember the sabbath day, to keep it holy.）

第五誡：當孝敬父母（Honor your father and your mother.）

第六誡：**不可殺人**（You shall not murder.）

第七誡：不可姦淫（You shall not commit adultery.）

第八誡：不可偷竊（You shall not steal.）

第九誡：不可作假見證（You shall not bear false witness against your neighbor.）

第十誡：不可貪心（You shall not covet your neighbor's house, wife, servants,
cattle, nor anything that is his.）

VI 誠命

You shall not kill.

〇 獲得控制

第六條誡命——出埃及記20：13

不可殺人。

砰！砰！砰！突然之間出現三、四支槍……男孩們跳進河裏——其中兩個人受傷——當他們游向水流，沿著河岸的人射殺他們，然後唱著：「殺死他們，殺死他們！」真是令我作嘔……我真希望那晚我並沒有在岸上看到這樣的事。註1

這是哈克芬恩（Huck Finn）描述因為家庭的宿怨，兩個十幾歲男孩遭到殺害的一段話。故事的情節是虛構的，但是當馬克吐溫在1884年寫這篇小說時，那時世仇恩怨的確常在美國南方的州發生，特別是靠近阿帕拉契（Appalachia）的地方，那裡敵對的部族總是不斷爭戰，直到二十世紀為止。註2

在馬克吐溫的小說中，有一個人物是這麼解釋的：「有一個人和另外一個人起衝突並殺死他，這被殺者的其他兄弟們殺死殺他的人；之後，兩方的其他兄弟彼此互殺；後來連遠親都加入互殺的行列。逐漸的，每一個人都被殺死，就再也沒有宿怨了。但是那是一個非常緩慢的過程，花了非常久的時間。」註3

最有名的血腥決鬥是哈特菲爾德（Hatfields）和麥科伊（McCoys）兩個家族之間的戰爭，這兩個家族分別居住在肯塔基州和西維吉尼亞州的交界處。宿怨的起源是很模糊的，根據一些資料，問題的來源起因是在1878年對兩隻尖背野豬的所有權之爭端。在那殘暴的時刻，數個由50多人組成的武裝團體展開搜捕行動，跨越交界線突擊對方。最後一場屠殺發生在1890年代中期，結果兩個家族的人死傷慘重。

你知道為什麼我喜歡用這個描述當作第六條誡命的開場白嗎？因為它跟我所做過的事一點關係都沒有，甚至根本從來沒有想過要這麼做。我一點也不覺得有罪惡感。事實上，活

VI 誡命

You shall not kill.

到現在，甚至沒有任何一次爬越過樹林去找人尋仇。

嗯……好的，也許的確有一些像那樣的事浮現在我心頭。當我前幾天去沃爾瑪（Wal－Mart）大賣場的時候，我從來沒見過停車場停了這麼多車。我前後來來回回找了好久，終於在某一排的最後，發現一個位子，然後往前開去。但是……你知道發生什麼事？當我開到那裡時，突然出現一個傢伙佔據了這個停車位！

哈！我告訴你……有幾秒鐘的時間，我想像我是泰山，然後跳過去把他宰了。當然，我並沒有這麼做。所以那次就不能算了，不是嗎？

潛藏在內心的老虎

我們家裡有一隻小貓，比任何東西都來得可愛和友善。當你坐下的時候，牠就會靠過來用牠的鬍鬚在你身上磨蹭，向你撒嬌，然後揚起牠那小小的「馬達屁股」不斷地搖擺。如果你有一隻這麼可愛的小寵物，你就會知道那是多美好的一件事。

讓我問你一個問題：貓和老虎之間的差異是什麼？你知道真正的答案嗎？那就是尺寸大小。

不要開玩笑了。你的貓或是我的貓，那可愛迷人的小東西，很聰明，也有如老虎般的直覺，如同冷血動物的直覺。如果我們的尺寸比較小，牠的尺寸比較大，牠也會為了同一個原因對我們感到有興趣，那時牠看待我們就如同牠看待後面長廊上的麻雀。

當耶穌提到第六條誡命時，祂說：「你的大小一點也不重要。如果你認為你是一隻老虎，你就是老虎。」

以下是祂真實的文字敘述：

「你們聽見有吩咐古人的話，說：『不可殺人』；又說：『凡殺人的難免受審判。』只是我告訴你們：凡向弟兄動怒的，難免受審判；凡罵弟兄是拉加的，難免公會的審斷；凡罵弟兄是魔利的，難免地獄的火。」（太5：21－22）

這是什麼意思呢？是指當別人激怒你，如果你沒辦法掌管控制好你的感覺和行為，你和哈特菲爾德、麥科伊兩個家族之間的差異，只是尺寸的大小。因為如果你跟他們處

VI 誠命 You shall not kill.

在同一個時空中，你的做法會跟他們一樣。

完美的解決方案

當然，我們大部分的人都知道，解決人類問題的完美方案是：假如其他人對我們很好，我們也會對他們很好。但是耶穌說：「外邦人不也是這樣行嗎？」（太5：47）真正的問題在於：你可以善待曾經傷害你的人嗎？你可以愛這些冤枉你的人嗎？

這並非易事。事實上，有些人認為耶穌對第六條誡命的教導，是一個很極端的例子，人並不能全然順服，只有那些獨自住在山上的聖者可以做到。我曾經聽過有關這個觀點的討論，大部分的人說，耶穌在這個議題的教導，沒有辦法真正應用在我們生存的真實世界。

唯一的方式

我完全不同意上述的說法。至少有三個重要的理由，可以說明耶穌的智慧不是空洞的幻想——它是唯一可行又合

理的生活方式。

1. 它是破除暴力連環效應的唯一方式

耶穌的計畫是最好的，因為它是終結骨牌效應，和永無止盡報復行為的唯一選擇。「以眼還眼，以牙還牙」是災難形成的方式，因為暴力沒有辦法用更多的暴力來消除。註4 那叫是花了哈特菲爾德、麥科伊兩個家族20年的時間才了解的道理。同樣地，對於以色列人和巴基斯坦人之間，則花了更久的時間。

我們驚歎為什麼那些人要花這麼久的時間去了解！這個原則不單只適用於家族宿怨和自殺隊伍，同時也適用於「微小的爭端」上──言語的挖苦和猛烈抨擊，這些都常發生在我們的生活中。有人必須去做一個明確的決定，以破除這樣的惡性循環，消除他們的驕傲，並且寬容過錯。耶穌告訴祂的跟隨者必須成為那樣的人。註5

我的一個朋友是婚姻諮商師，提到一些致命性的爭端，起因於極微小的事：

「要不是你這麼搗亂，你就可以幫我找到鑰匙。」

VI 誡命

You shall not kill.

「別告訴我你又弄丟了！」

就是這樣，他們就沒完沒了！沒有人願意打破這樣的連鎖反應，所以情況不斷加劇地失去控制。使徒雅各曾仔細想過這樣的問題，於是他寫下：「最小的火能點著最大的樹林！」（雅3：5）

「被動攻擊」的行為，例如冷戰、背叛，或是板起臉孔，都和尖叫一樣會弄巧成拙。不論是什麼形式，不友善或是卑鄙的行為，只會造成更多類似的結果。

2.獲得控制的唯一方式

第二部分，當我們用憤怒、敵意和報復的欲望來回應醜惡時，我們是把自我控制權交給別人。我們等於讓他們成為操控我們的按鈕，並因此決定我們的感受、態度和反應。耶穌要從殘暴專橫的行為中釋放我們，並把自主權和一顆平安的心靈還給我們。

直到我們堅決這麼做之前，我們只能算是「反應」不能算是「行動」。（相對於「積極主動的行為」）反應只是我們無力地置身在那些對我們殘忍又自私的人之控制下。耶穌的

方法是使我們對其他人說：「你沒辦法逼迫我去憎恨。我拒絕讓你苦毒我的生命。我不願意讓我的生活被憤怒所吞噬。」

在大部分的例子中，反應行為是權力戰爭中的一種武器，這樣的權力之爭通常是想要控制其他人。我常藉由醜化你、迴避你、保留愛，以便處罰你，因為你做了我不喜歡的事，我要迫使你按照我要的方式做事。

基督徒積極的行為和他們所實行的界線設定，跟仇恨及報復一點關係都沒有，更遑論支配了。他們並不是要控制其他人，而是建立自我控制的能力。他們不是要宣告獨立，而是要自主。獨立的意思是脫離群眾，而這種獨立的行為，可能就是一種反應行為的模式。自主則是認同互相依賴的價值。它並沒有拒絕我們可以彼此幫助及彼此服事的關係，但是它要求尊重上帝所給我們的權力，去掌管我們自己的生活。

基督徒關係中的積極表現，指的不只是停止仇恨，它還要求我們要以愛取代恨。耶穌說：

VI 誡命

You shall not kill.

「你們的仇敵，要愛他！恨你們的，要待他好！詛咒你們的，要為他祝福！凌辱你們的，要為他禱告。」（路6：27－28）註6

當使徒保羅開始講述這個主題時，他立刻將它化為實際的行動：

「你的仇敵若餓了，就給他吃，若渴了，就給他喝；因為你這樣行就是將炭火堆在他的頭上。」（羅12：20）

去愛我們的仇敵和對不友善的的人行好事，就是積極行為中最好及最高貴的表現。這讓我們立於有力量的地位，因為它意指我們拒絕跟他們玩遊戲，降低自己到他們的層次。我們控制自己的行為，而不是被其他人所控制。

3. 負責任行為的唯一方式

我們必須不讓仇敵決定我們的態度和行為，耶穌再次提醒我們應負的責任。如果我們對憤怒的人生氣，醜化不和善的人，那是我們自己決定這麼做的，因為選擇的力量在我們手上。

我們喜歡藉由責難別人，來為自己的反應行為辯護。因

為如果我們將過錯轉移出去，會讓我們自己好受些。「我這麼做是因為隔壁房間的那個傢伙」，「我容易沮喪是因為我像我的祖母（這就是為什麼我有這樣的壞脾氣）」，或是其他的例子。

我認識的一個人身陷家族的紛爭中，且毀了許多人的性命。以前我曾佩服他是一個基督徒的領袖，我不懂他現在怎麼會被絆倒。當我問他時，他說：「你必須知道他們對我們所做的。」自從亞當怪夏娃之後（創3：12），人們已經獲得這個答案了。

我們不能選擇父母親或是他們如何養育我們。在大多數的情況中，我們也不能選擇我們的夥伴。生活的環境讓我們聚在一起，我們與他們緊扣在一起。藉由我們對自己行為負責任，耶穌要我們有責任感，停止將矛頭指向別人來為自己的壞行為辯護。

使一切不再一樣的字

金科玉律中有一個常被忽略的字，那就是「因此」，它

VI 誡命
You shall not kill.

是讓一切都不再一樣的字。為什麼呢？因為它使我們與那點亮金科玉律的力量泉源連結在一起，並且使這個金科玉律真實可行。

當然，你會記得金科玉律是這樣說的：「你們願意人怎樣待你們，你們也要怎樣待人」（太7：12）

金科玉律告訴我們應該要做的事，但是在金科玉律之前的那幾行字告訴我們原因：「你們雖然不好，尚且知道拿好東西給兒女，何況你們在天上的父，豈不更把好東西給求他的人嗎？」（太7：11）因此，「你們願意人怎樣待你們，你們也要怎樣待人。」（太7：12）

我們為什麼要對其他人好呢？因為上帝先對我們好。為什麼我們不能以其人之道還治其人呢？因為上帝已經先愛我們了（羅5：5）。使徒說：「主怎樣饒恕了你們，你們也要怎樣饒恕人。」（西3：13）我們真的能夠真誠地饒恕那些傷害我們、背叛我們、欺騙我們的人嗎？是可以的，因為我們已常被上帝饒恕了。我們怎麼可以拒絕去饒恕別人呢？註7

基督徒有時候會用這個片語「因信稱義」，這就是這裡所談論的。這複雜深遠的術語其實很簡單，那就是上帝藉由耶穌基督，為我們打開饒恕的大門，所以雖然我們不配，但我們可以被上帝饒恕。藉由這樣的禮物，上帝也傾注其他恩惠在我們身上。當我們終於了解並接受這樣的事實時，喜樂就會滿溢在我們心中，而我們會有「出人意外的平安」（腓4：7）。

這並不單是一個理論或只是一個很好的想法，我們所檢視的是完全可行的，這使我們可以真正饒恕傷害我們的人，對他們好而沒有任何自私的動機，單純去愛他們而沒有任何隱藏的計畫。

二十一世紀有一本暢銷書是：卡內基所寫的《人性的弱點》（How to Win Friends and Influence People）註8。這是一本依據自私與操控原則為基礎的人類關係手冊，它傳達的訊息是：要對別人好、恭維他們、讓他們覺得舒服，因為你這麼做了，他們就會給你想要的，並幫助你在人生中獲得成功。這樣的方式教我們能期望最好的是：部分地隱藏或

VI 誡命 You shall not kill.

偽裝我們天然的自私行為,在表面裝飾一層應有的禮儀。
直到有人真正傷害我們,那時這些心理學的策略就都失效
了,充其量我們很快會變回那隻老虎。

當我們非常瞭解我們所得到的饒恕時,真正的饒恕才有
可能。當我們看自己是一個被饒恕的罪人,心中對傷害我
們的人所存有的傲慢自大將會消失。然後我們開始認知到
這些傷害我們的人,乃是生命中的過客,他們是如同我們
一樣的個體,在邪惡的勢力中掙扎。只有那時,憐憫才會
取代憎恨,才會有真正的饒恕。這就是最好的方法。

真愛是來自上帝的禮物

「愛是恆久忍耐,又有恩慈;愛是不嫉妒;愛是不自
誇,不張狂,不做害羞的事,不求自己的益處,不輕易發
怒,不計算人的惡,不喜歡不義,只喜歡真理;凡事包
容,凡事相信,凡事盼望,凡事忍耐。」(林前13:4-7)

真愛是神聖的禮物,這禮物唯獨從上帝而來。

註1： Samuel Clemens, The Adventures of Huckleberry Finn（New York：
　　　Harper & Row, 1884).P.153.

註2：World Book Encyclopedia(2001), vol. /, p.81.

註3：Clemens, p.144.

註4：「以眼還眼只是使整個世界變得更盲目。」──甘地（Gandhi）

註5：「只是我告訴你們：不要與惡人作對。有人打你的右臉，連左臉
　　　也轉過來由他打。」（太5：39）「回答柔和，使怒消退；言語暴
　　　力，觸動怒氣。」（箴15：1）

註6：同馬太福音5：38－44

註7：「並要以恩慈相待，存憐憫的心，彼此饒恕，正如上帝在基督裡饒
　　　恕了你們一樣。」（以弗所書4：32）饒恕意味不再憎恨，不再有
　　　憤怒和想報復的欲望；那並不意味我們必須繼續和其他人有更親密
　　　的關係，假如這樣行會讓我們陷入危險的話。

註8：卡內基著，《人性的弱點》（How to win friends and Influence
　　　People），有些中譯本的譯名是《怎麼贏取朋友和影響人》（New
　　　York： Simon and Schuster, 1936）。

心靈的契合
Soul Glue

對婚姻的忠實，可保護自己擁有
和樂的家庭和健康的身心靈。

第一誡：除了我以外，不可別的神（You shall have no other gods before
me.）

第二誡：不可為自己雕刻偶像（You shall not make for yourself an idol.）

第三誡：不可妄稱耶和華的名（You shall not take the name of the Lord your God
in vain.）

第四誡：當守安息日，守為聖日（Remember the sabbath day, to keep it holy.）

第五誡：當孝敬父母（Honor your father and your mother.）

第六誡：不可殺人（You shall not murder.）

第七誡：不可姦淫（You shall not commit adultery.）

第八誡：不可偷竊（You shall not steal.）

第九誡：不可作假見證（You shall not bear false witness against your neighbor.）

第十誡：不可貪心（You shall not covet your neighbor's house, wife, servants,
cattle, nor anything that is his.）

VII 誡命   You shall not commit adultery.

⌒心靈的契合

第七條誡命——出埃及記20：13

不可姦淫。

我不知道在專家的眼中，什麼樣的手錶才是最漂亮的手錶，但是在我心中卻完全不需要質疑，那就是常晃在祖父背心左下方的懷錶。它是純金打造的一隻懷錶，在背部有鉸鏈繫著。有時祖父會將它打開，讓我瞧瞧這小巧的裝置，隨著秒針的前進，它總是來回敲擺著。其他微小的轉輪打開在主發條旁的鑽石軸承，它是祖父每晚上床前會轉動的部分。這隻懷錶是祖父不可缺的一部分，所以實在無法想像如果祖父沒有它會怎麼樣。

當我六歲的時候，有一回我們全家去祖父母家過週末。星期天早上我起得非常早，爸媽仍舊在睡夢中，但是我聽

到來自廚房柔軟的低語聲。我走出去，發現祖父母正在吃塗有蘋果醬和奶油的燕麥粥。在一個清晨的擁抱後，他們為我盛了一碗，和他們一起吃早餐。祖父的背心是打開的，但是懷錶鏈依然清晰可見，從固定的扣環垂卜來，然後消失在懷錶袋裡。

我托著下巴，手肘撐在桌上，看著祖父的臉龐，和他分享剛剛進入我心中的一個美妙想法，我說：「爺爺，等你走後，我可以擁有你的懷錶嗎？」

我不記得那時藍色的眼珠是否如同往常一樣閃爍。但是祖父回覆我的答案，仍然深烙在我的記憶裡。「好的，」他說。「當我走了以後，你就可以擁有這隻懷錶。」

我的心中充滿高興的感覺。當時我可能沒有吃完早餐，就衝去告訴媽媽這個好消息。令我驚訝的是，她嚇壞了。「你並不是真的這樣跟爺爺說的吧？」

我的身體縮了回來，然後沉默地點點頭，那一刻興奮感全都消失了。媽媽很清楚地告訴我，我做了一件恐怖的事。

「你難道看不出來，你這樣說彷彿希望爺爺趕快死掉，

然後你可以擁有這隻懷錶嗎？」她解釋著。

我覺得很困窘，當然之後就再也沒有向祖父提到懷錶的事，但是他並沒有忘記。兩年後，在他過世前，他對媽媽說：「記得，佐拉，我的懷錶留給羅倫。」。

在他走後，媽媽讓我看了這隻懷錶，之後為了安全起見，把它放在一個黑色的小盒子中，然後把它存放在衣櫥的高處。隨著歲月流逝，她有時會讓我拿出來擦亮，並在放回去之前調整好時間。看到那隻錶是很令人開心的事，那代表的是祖父對我的愛，還有美好的回憶。

十四歲那年，有一天，我不再把錶放回去，而是把它放在口袋裡，然後跑到媽媽的面前，對她說：「我夠大了，可以照顧這隻錶了。」

在很長的沉默後，她回答：「我不認為這是一個好主意，但是你可以自己做決定。」

隔天早上，我將錶放在Levis牛仔褲的口袋裡，一路上隨著我蹦蹦跳跳地往學校去。在早晨開始的時刻，很令人吃驚地，我一直看著錶確認時間。在教室內沒有任何人像我

一樣，擁有一隻金色的懷錶。我注意到其他學生不斷地瞧
我這裡，我想，也許在休息的時候，他們會聚集過來看看
這個美妙的東西。但是，跟以前一樣，當下課鐘響，整間
教室的人都衝往門口，男孩子跑出去的時候，都拿著棒球
手套。

我已經忘記我們暫時取消星期五的球賽，那節下課輪到
我們這一隊要上戰場。大約花了三十五秒左右，每一個人
各就各位，然後大喊：「好，來打球！」

一開始，柏耐把史蒂文三振出局，之後賴瑞擊出一支安
打，把他送上二壘。在那之後，就輪到我。當我第一次揮
棒擊入外野的時候，之前被封為「三振王」的美稱就不復
存在。葛倫接到球，然後傳球給在一壘上他的弟弟凱文，
而我正急速衝過一壘，離二壘不遠。在球傳到達爾的手套
之前，我做了一個英雄式的俯衝，盡全力在最短時間內碰
到壘板。

哇！那一陣興奮感真是棒極了！現場每一個人立刻大喊。
這是我生命中無法忘懷的時刻，也是齊格先生最喜愛我的時

刻。我站起來，感覺自己比以前高了一吋，然後將身上的塵土拍掉。那時，我的手碰觸到牛仔褲口袋那個硬硬的、平而圓的東西。因著某種原因，它似乎已經變形了。

喔，不……這不可能是真的！但的確是這樣。回想那個時刻，我仍全身顫抖。那時，我知道我是全世界最愚蠢的人。十四歲的時候，我並不清楚一隻金色懷錶的價值，但是我知道我愛我的祖父，他很信任地把它交給我。我發現幾秒中發生的事情，會使你好幾年，甚至是一輩子感到後悔。

這正是第七條誡命所要告訴我們的。這是指破壞某個脆弱又寶貴的東西，很難，甚至幾乎不可能去修復它。

當然，有些人不會認同。有人不久前在電視節目上提出她的看法。當她用近乎淫猥的生活細節取悅觀眾時，她很開心地開始透露一些名字。在我找到電視遙控器之前，她必定已經提到至少半打和她上過床的名人。

對於分享這觀點的人而言，真是一個勇敢的新世界。相信的人會說「革命」，還有偉大的「自由解放」已經展開，並真正邁向無止盡的自由和喜樂。

但是他們錯了，並不是因為某些人頒佈一個命令去破壞他們的樂趣。他們錯了，是因為第七條誡命表達了生活基本的律法，一條深刻在我們心中的準則。它以我們被設計的方式為依據，所以當我們破壞它時，一定會違犯內心深處的東西。

聖經中有一段最有名的經節，可以幫助我們了解為什麼是這樣。我提到「有名」，是因為連一些從未翻閱過聖經的人，都聽過創世記2：22－23的經文。不幸的是，它常常被當成笑話看。但如果我們可以暫時放下那種看法，以它應得的尊敬來看這段經文，我們將發現它賦有深刻的意義。它告訴我們：

「耶和華上帝使他沉睡，他就睡了；於是取下他的一條肋骨，又把肉合起來。耶和華上帝就用那個人身上所取的肋骨造成一個女人，領她到那人跟前。」（創2：21－22）

亞當的第一句話，是當他看到這個美麗的受造物走向他時所說的話，顯示他的確知道那一個時間點發生的事。亞當以很深的情感、讚美著說：「這是我骨中的骨，肉中的

肉。」（創2：23）

　　很明顯地，亞當的喜悅，反應出他們最初的性關係，因為經上繼續記載著：

　　「因此（即是，為了這個原因：因為女人是從男人的身體內取出的；因為這是我骨中的骨，肉中的肉）人要離開父母與妻子連合，二人成為一體。」（創2：24）他們再次結合在一起成為一體，跟他們一開始就是一體有關連。這是上帝的設計，藉由性關係，肉體和靈都會再次結合。

　　大眾心理學有一個知名的術語，是描述創世記2：22－24的觀念：「認同」。去認同某人，包含的不只是感受他們或是關懷他們，所指的是以某些神祕的方式，我們分享他們的身分，彷彿我們就是他們。透過認同感，我們可以從他們眼中看世界，知道他們的喜樂和痛苦。當我們會因為看到令人悲傷的電影而哭泣的時候，可以知道這強大的力量的確是存在的。我們會流淚，是因為演員帶領我們認同電影中的角色扮演，彷彿他們的損失就是我們的一樣。

　　當亞當看到這美麗的受造物來到他面前時，在他心裡面

有很強烈的認同感。她是他的一部分，因為她是從他身體裡面出來的。由於這個奇妙的經驗，他喊著：「這是我骨中的骨，肉中的肉！」

在他們開心的結合中，有什麼比將她抱入懷裡、感受到她的身體碰觸他的身體、跟她分享上帝所設計的無比喜悅，更令亞當感到自然和美妙的事呢？

上帝創造設計這完美的性結合，成為認同感和愛的結合最重要的工具。換句話說，就是心靈契合。

這不只是一個完美的理論，或是一個令人覺得溫暖卻模糊不清的概念。科學已發現，在性行為時，身體所釋放出來強大的化合物，強化雙方的結合。稱為催產素的荷爾蒙，直接影響我們的頭腦，去加強我們的關係和認同，性交的時候，荷爾蒙流動不斷地增加。這意指的是，上帝創造性行為的身體反應，使它成為婚姻中最完美身心結合的一部分。使徒保羅也提到性的聯結功能，他說，即使當我們並沒有這樣的意圖時，它仍產生作用。正好與某些人所相信的相反，我們不太可能發生性關係然後走開，相信什

麼都沒有發生。

　　保羅問了一個問題，「你難道不知道一個人跟妓女在一起，就已經是和她一體了嗎？」「因為他說：『豈不知與娼妓聯合的，便是與她成為一體嗎？』」（林前6：16）你可以離開床，穿上衣服後離開，但是有些事情已經發生了。事實上結合的關係已經產生了，而且你隨身帶走了一些東西。你正在編織一個很複雜的網路，它會以某種方式持續地縈繞在你的心中。

　　耶穌也指出身體親密的結合功能。「那起初造人的，是造男造女，並且說：『因此，人要離開父母，與妻子連合，二人成為一體。』……既然如此，夫妻不再是兩個人，乃是一體的了。所以，上帝配合的，人不可分開。」（太19：4-6）

　　如同使徒保羅，耶穌說性關係是上帝所設計的機轉，使兩個生命可以永遠堅定地結合在一起。那是上帝使兩個人永結同心的方式，日後他們若被拆散，兩人都會受到嚴重的損傷。

安全的性

那群提倡性革命的人所使用的標語之一為「安全的性」。這個名詞已經導致數以百萬計的人相信，真的有這樣一個東西，可以使我們高枕無憂。它指的概念是：保險套可以避免疾病。無疑地，在某些層面的確如此，然而這樣的保護措施雖然減少疾病的傳染，但無法減少風險。此外，這樣的迷思是奠基於一種觀念，疾病只是這種行為所最不樂見的結果。然而違反第七條誡命的後果是久遠的，而且是多方面的。

同一個迷思也認為「買車前，你應該先嘗試開看看。」聽起來非常合乎邏輯，不是嗎？同居似乎是一個測試彼此是否相合的方法，它應該是達到完美婚姻很棒的方法。

奇怪的是數據顯示，另外一面的結果是：婚前同居的人，結婚十年之內離婚的比率，幾乎是初次結婚者的兩倍。註1

再者，最近的研究發現，同居者遭受到身體侵害的比率，是結婚者的三倍 註2，受到嚴重暴力行為的是結婚者的五倍 註3。婚前性行為愈頻繁的，在結成夫婦之後，其

You shall not commit adultery.

中一方或雙方都愈有可能會背叛對方。註4 這一點也不令人感到意外，同居中的女人，註5 跟已婚的婦女比起來，有比較高的沮喪感和比較低的性滿足感。註6

　　最近性病（STDs）的遽增，再次挑戰安全性行為的觀念。科學文獻的評論指出，保險套沒有辦法真正阻止15％～31％HIV病毒的傳播 註7──這是導致愛滋病的病毒。因此，這一點也不令我們驚訝，當保險套已經使用超過二十五年後，新的案例和新的性病仍不斷增加。註8

　　1960年代，在「性革命」之前，主要藉由性交感染的疾病是梅毒和淋病。人們相信抗生素的發明後，這兩種疾病會消失。今日醫療科學發現，超過二十種以上的性病，美國平均每年有超過一千五百萬個新案例。三分之二的性病發生在二十五歲或是更年輕的人身上 註9。美國每年有三百萬青少年感染性病。整體而言，四分之一有性行為的人曾被感染。註10

　　目前最主要的性病是HPV（Human Papillo－Marvirus），平均每年有五百五十萬新的病歷 註11。另外一個致命的苦難

是衣原體病毒（Chlamydia Trachomatis），能夠毀壞輸卵管，是造成不孕的原因。醫療科學目前沒有任何辦法可以治療病毒感染的皰疹（herpes）和導致愛滋病的HIV病毒。根據美國疾病控制與防治中心（U.S. Centers for Disease Control and Prevention）指出，愛滋病是造成二十五歲到四十四歲之間最主要的死亡原因。

僅僅詳述這些數字，幾乎沒辦法給你一個全貌，描述你的生命將被愛滋病徹底毀壞，或是看著心愛的人死於愛滋病。我可以向你保證，那一定是很恐怖的死法。

這些孩子該怎麼辦？

性革命另外一個讓人非常傷心的結果，是成長於單親家庭的孩子增加了五倍。根據國家健康中心（National Center for Health）的數據指出，跟1960年的7％的比率相較，2002年非婚生子的比率，佔美國出生率的33％。這個事實，不包含每年超過一百三十萬個被墮胎的嬰兒。

文化遺產基金會的派區克・法剛（Patrick Fagan）註12 指

You shall not commit adultery.

出，沒有一個評量可以看出，這個國家的兒童，因為性價值改變而變得更好。在單親家庭中長大的孩子，比較可能——被他們的父親或是母親虐待最後被關進監牢必須重修、輟學，或是被逐出校園吸食大麻、古柯鹼和菸草攜帶槍械患有嚴重的情緒和行為問題遭受身體健康的問題濫交變成單親父母患憂鬱症或是自殺。

這些都是「自由」和「解放」的行為所產生最明顯的結果。社會某部分的道德價值觀已確實改變了，但形容這樣的情形是一種「解放」，或提倡這樣的情形是一種發展或進步的模式，就如同吹噓抽菸的自由一般。每年平均死於性革命影響的人數，遠遠地超越死於抽菸的人數。

獲得控制

耶穌指出姦淫的開始和結束都在心中。「你們聽見有話說：『不可姦淫。』只是我告訴你們，凡看見婦女就動淫念的，這人心裡已經與她犯姦淫了。」（太5：27-28）

祂認為激起的性慾源於心中，心中的意念是被感官所刺

激的,是藉著「看著這女人而對她產生性慾」。精神層面的性——不受拘束的性幻想,可能是一種愉悅無罪的消遣,但事實上並非這樣。看到會激發性慾的景象,聽到或閱讀到有關性的描述,都會強烈刺激這種幻想。那就是心中自我控制爭戰的開始。

我們談到環境被重工業污染是很普遍的事,但另一種形式的汙染也傳遍各地。那就是在告示牌上、平面媒體、電視、劇院或是其他地方,布滿刺激性慾的形像和訊息,就是另一種形式的汙染。

今日有關性教育的議題已被廣泛地討論。有一些人說我們應該告訴年輕人,唯一安全的性是禁慾:「只要説不」。反對這個觀點的人認為,這個想法一點都不可行,不論你告訴他們多少次,他們還是會做同樣的事。

兩方的論點都沒錯,年輕人從未能夠「只要説不」。如果我們只告訴他們這個部分,當他們受到激情形像和媒體宣傳日以繼夜的轟炸時,他們怎麼能夠做得到呢?我們需要向他們解釋——讓我們放棄偽裝,我們全部的人都需

要，不是只有年輕人。性控制是始於耶穌所告訴我們的：從心中開始。假如我們允許自己不斷地被帶到這樣的邊緣——如果我們的防衛計畫在遇到狀況時中止，我們肯定會失敗。

這就是「選擇能力」要發揮作用的地方。廣告商可以出版這樣刺激性的畫面，但是他們沒有辦法迫使我們持續地注視他們，或是買這樣的產品。歌曲創作者可以在他們的音樂裡加上淫穢的歌詞，但是他們沒有辦法迫使我們去聽或去注意他們的訊息。沒有人能迫使我們違反我們的意志，繼續去看淫穢的錄影帶或電視節目，或繼續與那些要我們接受錯誤價值和他們風流韻事的人做朋友。

有一回我們站在艾爾巴諾（El Panol）的巨岩上，這是一塊在哥倫比亞的鄉下，突升起數百英呎的龐大岩石。我們和幾個朋友需要費很大的力氣，踩過六百四十九個階梯，才能到達這巨岩的頂端。

令我們驚訝的是，在那裡我們沒有看到任何圍欄、柵欄或是警告標示。友善的領隊告訴我們，他做這樣的工作已

經超過二十年。

「有沒有任何人從邊緣掉落？」我問他。

他說：「有的，大約三十個。」

我很震驚地問他：「這些人意圖往下跳？還是那只是一個意外罷了？」

「我不知道。我們決不可能再問他們了。」他似乎因我的回答而笑了起來。

跟他聊了一會兒後，我們閒逛了一下。頂端平坦的地區大約有一英畝。令人好奇的是，在邊緣沒有任何突然出現的斷崖，在邊緣的部分是逐漸向下減緩的斜坡。事實上，看起來似乎沒有那麼危險。

當觀察這樣的事時，我想，去發現是否可以更靠近邊緣往下窺視是一件有趣的事。我們可以從各個方向遠眺數英哩，但比較令人興奮的是，如果我們可以直接往下看，不是更好嗎？

嗯，好的。我想我只要再靠近邊緣一點，嘿，這很好玩。但我似乎沒有辦法看得很清楚。沒有關係的，不要擔

心，我並不是真的計畫要這麼做。

　　艾爾巴諾巨岩的頂端，沒有任何的警告標示，但我很高興的是，耶穌在第七條誠命對我們的教導中，留給我們很清楚的警告。祂說不要這麼靠近邊緣。你可以決定你的眼睛要看什麼，還可以決定你心中要想什麼，但不要讓可憎的廣告商或是編劇決定你思考的內容。

　　「凡是真實的、可敬的、公義的、清潔的、可愛的、有美名的，若有什麼德行，若有什麼稱讚，這些事你們都要思念。」（腓4：8）

　　這裡我們必須在潔淨的戰場上劃一條界線。我們唯獨可以藉由遠離邪惡，藉由擁有正面尊貴的思想，以及藉由讓上帝成為我們心中的首位，才能戰勝一切。「堅心倚賴你的，你必保守他十分平安，因為他倚靠你。」（賽26：3）

再次合而為一

　　在這一章中，我們可以接近一個完美的社會，但事實上我們所生存的，是一個破碎、令人傷心的社會。無疑地，

有些人讀到這一章時，他們正在回顧他們想要忘記的一些不好經驗。

有一天，一群人帶著正在行淫時被抓的婦人來到耶穌面前，然後說：「夫子，這婦人是正行淫之時被拿的。」（約8：4）

在耶穌處理這些假冒為善的人之後，他們都離開。耶穌轉身問這個婦女：「婦人，那些人在哪裡呢？沒有人定你的罪嗎？」

婦人很驚訝地，睜開眼睛看了四周。然後她答覆耶穌：「主啊，沒有」。

耶穌接下來的話，是給每一個像這個婦女一樣被罪綑綁和身陷在絕望和痛苦中的人。祂告訴她：「我也不定你的罪，去吧！從此不要再犯罪了」。

「上帝差他的兒子降世，不是要定世人的罪，乃是要叫世人因他得救。」（約3：17）因此，「信他的人，不被定罪」（約3：18）。

當我想要帶著祖父的懷錶去學校時，媽媽說：「我不認

VII 誡命

為這是一個好主意。」

　　但是我告訴她：「嘿，我已經十四歲了，我知道我在做什麼。」然後我就這麼做了。

　　當不幸發生時，對我而言，似乎是我破壞了世界上最寶貴的東西，沒有什麼比那件事讓我更難過了。但後來我發現那並不是真的，還有很多事的確比一隻金色的懷錶更珍貴，如果這些事遭到破壞，其傷害會比我想像的更大。

　　自從那天起，我已經知道有超過三十個人逾越了第七條誡命的邊際，我也看到他們所做的，已造成了嚴重的傷害。但是我也見證到醫治、盼望和恢復，知道這一切都是可能發生的。

　　那一天，我對祖父懷錶所造成的傷害，變成一件可修復的事。幾週之後，它又如同往日般繼續轉動。事實上，到今日我還擁有這支錶。

　　我因第七條誡命讚美上帝。它告訴我們，祂愛我們而且非常關心我們，希望我們不會陷入這樣的危險。我也很感恩，知道饒恕和恢復都是可能的，而且所有的人都

可以白白獲得。

註1：Neil G. Bennett, Ann Kilmas Blanc, and David E. Bloom, "Commitment and the Modern Union： Assessing the Link Between Premarital Cohabitation and Subsequent Marital Stability," American Sociological Review 53, no. 1(February 1988)： 127－138.

註2：Sonia Miner Salari and Bret M. Baldwin, "Verbal, Physical, and Injurious Aggression Among Intimate Couples Over Time, Journal of Family Issues 23, no. 4(May 2002)：523－550."

註3：Kersti Yllo and Murray A. Straus, "Interpersonal Violence Among Married and Cohabiting Couples," Family Relations 30：343.

註4：Andrew M. Greeley, Faithful Attraction： Discovering Intimacy, Love and Fidelity in American Marriage (New York： Tom Doherty Associates, 1991).

註5：Christina Hoff Sommers, Who Stole Feminism? How Women Have Betrayed Women (New York： Simon & Schuster, 1994).p.251.

註6：這些結果是根據對1100人所做的有關性滿意的問卷調查，由the Family Research Council 執行，並由 William R. Mattox, Jr. 發表，……調查的結果顯示「嚴守一夫一妻制度的婦女，在性行為達到高潮的人數是雜交婦女的兩倍。」

註7：Dr. Susan Weller, "A Meta－Analysis of Condom Effectiveness in

Reducing Sexually Transmitted HIV," Social Science and Medicine 36, no. 12 (1993). See also National Institute of Allergy and Infectious Diseases, National Institutes of Health, Department of Health and Human Services, "Summary of Scientific Evidence on Condom Effectiveness for Sexually Transmitted Disease (STD)Prevention," July 20, 2001.

註8：Centers for Disease Control and Prevention, "Tracking the Hidden Epidemics 2000：Trends in STDs in the United States," at http：// www.cdc.gov/nchstp/od/news/RevBrochure1pdftoc.htm.

註9：Shepherd Smith and Joe S. McIlhaney, M.D., "Statement of Dissent on the Surgeon General's Call to Action to Promote Sexual Health and Responsible Sexual Behavior," issued by the Medical Institute of Sexual Health (Austin, Texas), June 28, 2001; American Social Health Association (Triangle Park, N. C.) "STD Statistics," at http：//www.ashastd.org/ stdfaqs./statistics.html.

註10：Alan Guttmacher Institute, Sex and America's Teenagers (New York： Alan Guttmacher Institute, 1994). pp. 19, 20.

註11：American Social Health Association, "STD Statistics."

註12：See Patrick F. Fagan et al., The Positive Effects of Marriage (Heritage Foundation, 2002).

不勞而獲的心態
Something for Nothing

 這本書列出十四種現代社會的偷竊行為清單，發人深省。
偷竊行為是來自想要「不勞而獲」的心態，作者在此特別
強調「流汗原則」和「愛的原則」。

第一誡：除了我以外，不可有別的神（You shall have no other gods before
me.）

第二誡：不可為自己雕刻偶像（You shall not make for yourself an idol.）

第三誡：不可妄稱耶和華的名（You shall not take the name of the Lord your God
in vain.）

第四誡：當守安息日，守為聖日（Remember the sabbath day, to keep it holy.）

第五誡：當孝敬父母（Honor your father and your mother.）

第六誡：不可殺人（You shall not murder.）

第七誡：不可姦淫（You shall not commit adultery.）

第八誡：**不可偷竊**（You shall not steal.）

第九誡：不可作假見證（You shall not bear false witness against your neighbor.）

第十誡：不可貪心（You shall not covet your neighbor's house, wife, servants,
cattle, nor anything that is his.）

不勞而獲的心態

第八條誡命──出埃及記20：15

不可偷盜。

「有人站在窗邊！」

　　當這些話從我太太嘴裡説出來的時候，我不會忘記從睡夢中驚醒的那個時刻。那時我們和兒子大衛在墨西哥度假。在一個温和的夏日晚間，當我們逐漸熟睡時，我們將窗戶打開讓微風吹進。這是一個位在三樓面對庭院的窗戶，看起來似乎非常安全。

　　有幾秒鐘的時間，我看到窗邊有個模糊的影子。在晚上，你很難去辨別你所看到的東西。所以那到底是什麼呢？也許只是有點相似，但是我不能肯定地認為那真的是一個人。

之後，正當我要對露絲說一些話讓她安心時，影子開始動了。那的確是一個人，可以確定的是他正要爬進來。

在繼續描述之前，我要先停下來問你一個問題：「你認為這個人想要什麼？」

對你而言，這是一個很荒謬的問題嗎？不難猜想他正要從我們這裡偷取財物。藉由這樣的問題，我想拋出這個議題，探討偷竊本身更多的涵義。

這裡有一些最常見的偷竊行為清單。你可以留意到在窗邊那個人有許多同伴，這些人跟他有同樣的意圖和心理狀態。在有禮貌的社會中，其中大部分的人並沒有如同他一樣令人鄙視。

1. 偷竊。當我們談到偷盜的行為，這是我們想到的第一種行為。闖入我房間的人就可以被歸類為這種行為。傳統上的偷盜，意指拿別人的東西沒有經過主人的同意，或是借東西沒有歸還，欠別人沒有付費。這就是偷竊，非常的簡單清楚。

2. 非法複製東西。複製一樣東西，是竊取作者、藝術家

VIII 誡命

You shall not steal.

或是出版商該獲得報酬的權利，不論是印刷品，或是以數位或其他的形式呈現的資料。

3. 抄襲。抄襲別人的作品或是答案，把它當成自己的，以便獲得成績和其他利益。註1

4. 竄改資料。藉由說謊、誇大、或述說不符事實的話，以達到個人的利益或是好處。這樣的行為包含詐欺、詐騙、陰謀、或任何導致傷害以及造成別人損失的不實行為，或是使用內幕消息去佔別人便宜。

5. 誹謗，造謠中傷。毀壞別人的信譽、好名聲，以及別人應該享有的自尊、愛和尊敬。因為不實的指控和對別人動機及行為的誤解，可能導致他們失業或是其他損失。

6. 工作懈怠。「混日子」，是指在上班時間無所事事，不好好地工作，遲到早退。

7. 浪費。揮霍或是誤用屬於別人的資源及時間。

8. 草率。這包含忽略和其他不負責任的行為，而導致別人的損失。

9. 過高的索價。牟取暴利，價格的欺騙。當買家別無選

擇必須接受某樣東西時，收取過高的價格。

10. 不足額的工資。當賣方處於不利地位時，沒有給付應有的價格；或是當員工被迫加班時，沒有給付應有的工資。註2

11. 虐待及忽視孩童。沒有照顧好小孩的父母親，就是從孩子身上竊取他們應有的權利。這樣的行為包含將工作視為第一、總是缺席的父母，以及犯下精神、肉體和性虐待的父母。

12. 婚姻不忠。虐待或不忠，或是離棄婚姻的配偶，剝奪忠貞伴侶因婚姻誓言應享有的權利：包含性滿足、經濟支援、一起合作養育和教育孩子等。通姦是偷竊裡面最嚴重的行為──這是去取得我們沒有權利擁有、而且完全屬於別人的東西。註3

13. 綁架、奴役、不當的禁錮（申24：7）。相較於你所相信的，今日這些仍舊很普遍。根據聯合國的統計數字，至少有六十萬至八十萬人，大部分是婦女和小孩，每年在全世界各地的邊界上被人非法買賣，其中包含一萬四千五百名至一

VIII 誡命

You shall not steal.

萬七千五百名來到美國的人 註4。這些人可能遭遇不當的禁錮。在美國甚至有百分之一的囚犯是無辜的，那代表的是有超過一萬名無辜的人被冤枉監禁在獄中，大部分的專家相信，真正的比率更高。在某些國家情況可能更為嚴重。

14. 保留什一奉獻。這會剝奪人聽到福音、尋求平安、希望和更好生活的機會。忠心的什一奉獻，可以傳揚上帝愛的訊息給別人（瑪3：8）。

你可能想起其他形式的偷竊行為。

現在，讓我再問一次：你認為在墨西哥的那個晚上，爬進我們窗戶的那個人想要的是什麼？

在他心中所想要的東西，就是其他人在這清單上所要的同樣東西：他們無法賺得的、不屬於他們的東西、他們沒有權力獲得的東西。那個在我們窗邊的小偷想要不勞而獲。

流汗的原則

聖經中反對偷竊的第一個教導，是在創世記3：19：「你必汗流滿面才得糊口。」

這裡提到使徒保羅是如何說的：「從前偷竊的，不要再偷；總要勞力，親手做正經事，就可有餘分給那缺少的人。」（弗4：28）

你有留意到聖經描述偷竊有兩個部分？第一個部分是白給：「總要勞力，親手做正經事」。我們要賺取我們要得到的，藉由價值的互換來取得它。

十六世紀的宗教改革，是一個強而有力的宗教和神學運動，但那也是一個社會的劇變，動搖了歐洲社會的根本信念。它所帶來的改變，已經觸動人類生活的每一個層面，並使反對這些宗教觀點的人受惠。

將改革思想最緊密地應用在每日生活層面，是約翰加爾文（John Calvin）所管理的日內瓦市。

那時許多貧困的人住在日內瓦。當宗教改革運動蔓延，同時，宗教審判的烈火延燒時，日內瓦市湧入許多難民。當他們來到這裡時一無所有，但這個城市卻照顧他們。年老、體弱和孤獨的人，日內瓦市也供應他們所需。市民的領袖將城市分為幾個行政區，執事們負責了解和照顧窮人

的需要。除了直接的援助，人們還可以接受無息貸款，小孩子可以接受免費的初階教育。

貧困是不會被責難的，但無所事事就不是這樣。加爾文強調努力工作的尊嚴，認為努力工作是一種美德，懶惰是值得大加撻伐的。他不認為不願意努力工作的人，有權利獲得努力工作的人所得來的成果 註5。加爾文喜歡引述詩篇128：2：「你要吃勞碌得來的，你要享福，事事順利。」和箴言10：4：「手懶的，要受貧窮；手勤的，卻要富足。」註6

當加爾文所管理的政府應用聖經的教導時，其結果很快地證實它的價值。幾年之內，日內瓦成為歐洲最富裕的城市。到現在為止，它是最乾淨也是最健康的城市，因為社區規章要求家庭和商家信守承諾，清掃其建築物之前的街道以保持乾淨清潔。不出所料，在這樣的環境中，竊盜和暴力行為很少聽到。

上帝設計的人生，流汗原則變成為一種祝福，可以從壓力中得釋放，可以延年益壽，可以享有身體健康和心靈的

平安與秩序。

對不起

我們不曾知道那晚在墨西哥市闖入我們房間窗戶那個人的人生觀是什麼。在我以非常不歡迎的語氣明確地跟他談話，而且那時大衛正發出一個混合著「報喪女妖」（Banshee）般的哀號聲及「獅子王」般的怒吼聲。他停了下來，以很有禮貌的英語說：「對不起」，然後很小心、不慌不忙地離開，爬過排水管到屋頂，從另一頭下去了。

不論何處我提到這個故事，人們總是很驚奇地回應我：「什麼！墨西哥市內的一個墨西哥籍小偷，居然還會有禮貌地講英文？」

但也許一點也不令人感到奇怪，通常從事這檔事的人都不笨。事實上，他們當中大部分的人會認為，他們比我們當中的任何人都來得聰明。你可以用比較不費力的方法獲得更多的錢時，為什麼要到麥當勞賺取微薄的工資呢？

這是一個很好的問題。事實上，讓我們更進一步探討這

You shall not steal.

個問題。當可以用五分鐘的時間在網路上閱讀一份報紙時，為什麼我擺脫不了某種習慣去大排長龍等待買一份報紙呢？當我們必須花七十五塊美金去買正版軟體時，我心裏卻想要一份盜版軟體，在我們心中有什麼樣的想法呢？為什麼不在飲水機旁閒談一下，或在工作的時候使用網路？這樣做也不會讓我損失什麼。有關政府？……嘿！他們每天搜刮數億的錢財，為什麼我不可以在繳稅的時候做一些小手腳？是啊！為什麼不呢？那都是聰明人做的事，不是嗎？有一個在兩個州請領社會救濟金的人告訴我，他覺得他比必須每天清晨起床趕九點上班的人來得聰明。

人類生命中最糟糕的一天

湯瑪斯・傑佛遜（Thomas Jefferson）有一個不同的想法。他說：「人類生命中最糟糕的一天，就是坐下並計畫他如何能夠不勞而獲。」傑佛遜所想到的，不是夜賊那晚破窗而入所造成的傷害，而是這樣的心態所造成的毀滅性結果。這是第八條誡命所告訴我們的警訊。

在街上用這方法的「聰明」人，正在進行一個恐怖的交易。他們正在拿他們的正直、價值、自尊做交換，但是他們所換得的是什麼呢？

1. 不誠實會毀壞我們的白我滿足感和自我尊重感。我們也許可以掩藏別人不誠實的行為，但是我們卻無法掩藏自己的。我們也許已經獲得一些想得到的成果，但因為不誠實，我們會失去那來自成就感的喜悅，那是個人成就以及真正做好工作所獲得的滿足感。

2. 不勞而獲的心態造成人格的墮落。這是一種會上癮的行為，會導致更嚴重心理層面的問題。賭博、冒充顧客在商店內偷竊的行為，影響數以百萬計的人，它破壞生命和婚姻，浪費社會無數的金錢。性上癮和工作狂等行為也密切有關，並且同樣具有破壞性，而且非常難克服。即使那些採取社會贊同或寬恕的方式行不誠實之事的人，也可能對他們自己或別人造成嚴重的損害。

3. 不勞而獲的行為會破壞我們跟其他人的友誼。不誠實的行為會使人陷入鬥爭中，因為「天下沒有白吃的午餐」

VIII 誡命

You shall not steal.

註7，有些人必須為此付出代價。如果我藉著佔便宜而獲得這樣的東西，就會使我陷入與他們爭戰的局面。此外，做了任何不誠實行為之後，很自然地就會失去人性以及詆毀受害者，好讓我們自己的行為合理化，認為他們才是咎由自取。

不勞而獲的症狀，是把其他人當作可操控的對象，以獲得我們想要的利益。我們可以把這些事實隱藏在一層又一層表面的禮貌行為之下。但在最後的分析中，我們的座右銘會變成：我是第一位。每天的問題會變成：這裡面有什麼好處？這個人對我有什麼益處？我會對你好、恭維你、讚美你，因為我想從你那裡獲得什麼，但前提是：你必須提供我所需要的，還有，要對我有利。

總之，太多人踏入婚姻，並因著這些原因而選擇離婚。

愛的原則

如同我們所看到的，聖經中針對不誠實行為所指示的第一個原則，是自給自足。第二個原則，才是慷慨對人。經

文提到：「總要勞力，親手做正經事，就可有餘分給那缺少的人。」（弗4：28）

「偷竊」的反義詞是「給與」。它是公平地給與其他人，以愛和不求回報的態度供應他們。

耶穌引用好撒馬利亞人的比喻來說明這個原則。強盜攻擊一個旅人並奪取他所有的。當他們把他丟棄在路邊時，他們認為他們已經打死他了（路10：30-36）。

但是好撒馬利亞人所做的，剛好相反。強盜已奪取的，撒馬利亞人卻給了他。不管他是否將自己陷於險境，或是情況會有所翻轉，也許旅人根本不曾正眼瞧他一眼，更不可能寄望這個受傷的人會回報他。只是一樣簡單的理由感動他如此行：那就是憐憫，換句話說：就是愛。因為他有愛，所以他給與。

偷竊不僅僅是自私行為的表現，也是一種最殘忍、最直接的行為。偷竊是要奪取，而愛卻是給予。愛的反義字是自私，它是自私自利行為的解藥。也許愛未必會消除被愛者的自私，但是卻可以消除這些主動付出愛之人的自私。

若沒有愛的原則，那麼流汗原則（就是自立更生，為你所得的東西付出代價）就不可能真正成為「不勞而獲」症的解藥。事實上，它有可能會引導我們和他人比較，並懷有驕傲和貪婪的意念。我們必須把「憐憫」加在個人的努力和正直的心裏面，將無私的愛給與其他人。如同保羅說的，「總要勞力，親手做正經事，就可有餘分給那缺少的人。」

試著從上帝那裡不勞而獲

不勞而獲的利益當中，最危險的一種形式，是我們試著把它放入與上帝的關係中。我必須承認，在這裡我們冒險進去一個很容易令人困惑的危險領域，因為聖經說救贖是一種「免費的禮物」註8。事實上，這是福音書中很重要的訊息。好行為絕不會為任何人贏得救贖，永遠不會。

當有些人認為這是指好行為並不重要時，那麼，麻煩就來了。或是認為我們可以有自助餐式的宗教信仰，只遵守我們想遵守的誡命，並認為其他的都因恩典而廢除了。當我們忽視十誡或是聖經其他部分所告訴我們的一切，我們

可以告訴別人我們已被救贖了嗎？

　麥克阿瑟有說服力地回答這個問題：「現今正在流行的福音，對罪人傳揚著錯誤的希望。它承諾他們可以擁有永生，然而卻繼續過著違抗上帝的生活。它真的鼓勵人們去聲稱耶穌基督是救主，卻延遲到最近才承認祂是主。它承諾人可以脫離地獄得救贖，但是不一定要脫離邪惡。對沉浸在肉體罪惡和藐視聖潔生活的人，它提出一種錯誤的安全感。藉由把信心和忠誠做個區隔，它告訴我們，心智上的認同，和全心全意的遵守真理一樣有效。」註9

　潘霍華（Dietrich Bonhoeffer）稱它為「廉價的恩典」。在死於蓋世太保手中不久前，他寫道：

　「廉價的恩典，是指無需悔改的饒恕、無需教會誡律的洗禮、無需懺悔的聖餐。……廉價的恩典不需要門徒訓練、不需要背負十字架、不需要耶穌基督道成肉身。」註10

　恩典是福音的中心。它指出我們可以用本來的面目來到耶穌基督的面前，而不需要等到自己夠好才成。我們不需要從後門緩慢地爬入，即使我們的記錄上顯示我們過去的

VIII 誡命

You shall not steal.

失敗和錯誤。很不可思議地，福音告訴我們，我們可以很「坦然無懼地」來到上帝面前（來4：16）。

但是這奇異恩典意味著，我們可以坦然無懼地繼續犯罪嗎？使徒保羅知道這是一些人心中所想的問題，所以他回答他們：「這樣，怎麼說呢？我們可以仍在罪中、叫恩典顯多嗎？」（羅6：1）

我所聽過這個問題最有說服力的答案，是來自於一個完全不擅於言詞的人身上。伯克利·瓊斯（Berkley Jones）是一個憤恨的、危險的罪犯，被奧勒岡州的刑事單位視為不可救藥的罪犯。但是在一個榮耀的日子，耶穌進入他的心中，於是，一切都改變了。註11 不久伯克利表示，最近有些人問他，是否願意再回到遇見耶穌之前的生活。對他而言，這似乎是世界上最荒謬的問題了。他將它比喻為一個從污水坑被拉出來的人，明明就知道那裡除了腐敗和死亡之外，什麼都沒有，還期待他再跳回去嗎？

當基督給與我們健康並醫治我們靈魂時，為什麼還要偏好進污水坑呢？潘霍華宣稱「耶穌基督的道成肉身」是

「廉價恩典」的解答。

現在是一個恰當的時刻去回憶第一章我所提到的承諾。我絕對不會要求你盲目地接受任何我所要說的這個重要主題。相反的，我要給你足夠的機會去驗證並證明這些原則的真實性。它可以在應用中得到證實。我真的希望在你的生命中，你已經開始去測試這些原則，讓他們成為你生命中的一部分。如果你已經開始，你必定已經知道我說的是什麼，因為結果是立即的，而且深深令人滿意。

註1：根據Center for Academic Integrity所做的研究，證實欺騙在很多校園中是一個普遍且日益嚴重的問題。http//www.academicintegrity.org

註2：「工人給你們收割莊稼，你們虧欠他們的工錢；這工錢有聲音呼叫，並且那收割之人的冤聲已經入了萬軍之主的耳了。」（雅各書5：4）

註3：約瑟在回覆波提乏的妻子時，敘述了這個原則（創39：7－9）。

註4：http：//www.state.gov/g/tip.

註5：「我們在你們那裏的時候，曾吩咐你們說：若有人不肯做工，就不可吃飯。」（帖後3：10）

You shall not steal.

註6：See William Mc Cornish, "Calvin and the Poor," at http：//www.warc. ch/24gc/cts/cts11.pdf.

註7：這是科幻作家羅伯特・海萊恩（Robert A. Heinlein）廣為宣傳的言論。

註8：「因為罪的工價乃是死；惟有上帝的恩賜，在我們主耶穌基督裡，乃是永生。」（羅馬書6：23）

註9：The Gospel According to Jesus (Grand Rapids： Zondervan, 1994), pp.201,202.

註10：The Cost of Discipleship (New York： Macmillan Publishing Co., 1963),pp.42－44.

註11：Story told by Rose Slaybaugh in Escape From Death (Nashville： Southern Publishing Assn., 1953),pp. 113－143.

比生命本身更重要的事

More than Life Itself

很多人傾向於將謊言合理化，為謊言辯護。
但聖經堅持要說實話，要愛真理。

第一誡：除了我以外，不可有別的神（You shall have no other gods before me.）

第二誡：不可為自己雕刻偶像（You shall not make for yourself an idol.）

第三誡：不可妄稱耶和華的名（You shall not take the name of the Lord your God in vain.）

第四誡：當守安息日，守為聖日（Remember the sabbath day, to keep it holy.）

第五誡：當孝敬父母（Honor your father and your mother.）

第六誡：不可殺人（You shall not murder.）

第七誡：不可姦淫（You shall not commit adultery.）

第八誡：不可偷竊（You shall not steal.）

第九誡：**不可作假見證**（You shall not bear false witness against your neighbor.）

第十誡：不可貪心（You shall not covet your neighbor's house, wife, servants, cattle, nor anything that is his.）

IX 誡命

◯ 比生命本身更重要的事

第九條誡命──出埃及記20：16

不可作假見證陷害人。

1860年代的某天，美國東岸一家大型鐵路公司的經理，非常驚訝地接受一位競爭者的拜訪。

那個人沒有浪費時間在拘泥的形式上，他描述一個計畫，就是兩家公司可以一起欺騙一個共同的競爭者，讓它退出市場，好讓兩家公司能同時獲得上百萬美元的金錢。

這位經理馬上從桌子後方出來，說：「先生，這不是我們做生意的方式。此外，我確定我的老闆凡德比特先生不會同意這樣做的。」

「我看不出來有什麼必要去煩擾這位老先生。」那個人繼續說。「我有提到支票的事嗎？我們有一張抬頭指名為你的一萬美金支票，假如你接受的話。」

　　「很抱歉！」經理很堅定地回答他。「這完全是不可能的。」

　　「嗯，我剛才是說一萬美金嗎？那我一定是講錯了，支票是那價錢的兩倍。」

　　說到這裡，經理已經離他的桌子很遠，然後瞪著他的拜訪者。這位拜訪者誤會經理的反應，很匆忙地說：「不然，我們可以將錢提高到三萬美金。」

　　這位經理突然跳起來，然後對他吶喊：「滾出我的辦公室！在我把你趕走之前，馬上出去，你這個渾蛋。」

　　這位拜訪者離開後，聽到全部對話的祕書走進來。　他發現他的老闆坐在桌子上，擦著額頭的汗。

　　他說：「先生，我不得不告訴你我是如何景仰你……」

　　他的老闆伸出手，阻止他說：「別再說了，事實是我必須很快把他趕離這裡，他提出的價碼已經很接近我想要的了。」

　　你認為如何呢？如同這個故事所暗示的，每人都值一個價錢，不是嗎？也許我可以這麼說：你的誠信值多少錢？

你會為了三萬美金而出賣它嗎？

現在，讓我們誠實一點（那正是我們現在所討論的，不是嗎？），在一些對的情況下，我們或多或少都會為了這樣而出賣自己。

我們都是這樣，不是嗎？

有關說謊……

……避免尷尬？「亨利太太，我很抱歉。我們沒有辦法完成你交託的工作，因為我們那台很棒的機器壞了。」（事實上，我們根本忘了這件事。）

……避免傷害別人的感情？「謝謝你送的鬆餅。他們真的很好吃。」（我們只吃了一口，剩下的都丟掉了。）

……為了省錢？「喔，不，海關先生，我們並沒有在海外的旅途中購買任何東西。」（只買了一些銀飾餐盤，他們就包在毛巾底下。）

……為了獲得更好的成績？「石偉博士，我的確完成了期中報告，但是在我要存進電腦的硬碟前，突然沒有電

了。」（現代版是「報告被狗吃了」。）

嘿，但是請等一下。我們之前所談論的是重大謊言，那跟現在所談的普通謊言不一樣，這些謊言只涉及日常小事，沒有什麼人不了的，不是嗎？

事實上，美國牧師弗雷契（Joseph Fletcher）想要更進一步地說明。他制定一種能夠將大部分「常見的」謊言合理化的道德系統。在弗雷契著名的情境倫理（Situation Ethics）中註1，他提到在任何既定的情況下，行動是否「正當」，乃根據當時的情境來做判斷。他聲稱即使是天大的謊言都可以得到辯護，只要動機純正的話。

因此可以很容易明白，為什麼這樣的想法可以影響數以百萬計的人。弗雷契想法的附加利益是：使謊言更加被社會所接受——更多的人甚至認為它是必要的。註2

說謊所造成的問題

不難發現聖經非常不同意這樣弔詭的道德觀。所羅門王說：「說謊言的嘴為耶和華所憎惡。」（箴12：22）「憎

惡」的意思是某些令人恨惡或是覺得噁心的東西。

使徒保羅也強調這個部分。他把說謊者跟下列的人歸為同一類，「殺父母和殺人的」、「不聖潔的」、「行淫的」（提前1：9－10）。他把他們視為「不法的和不服的」。啟示錄認同這樣的看法，很嚴肅地警告我們，「行可憎與虛謊之事的，總不得進那城。」（啟21：27）我們可以從聖經中加上非常多的經節去回應這個重要的觀點。

這些有什麼好大驚小怪的？

有時撒一個小謊有那麼糟糕嗎？為什麼聖經這麼堅持要說實話呢？

想想下面的話：

1. 說謊毀壞受害者的自由和自尊，因為謊話總是要竄改事實。藉著對別人說謊，我們會剝奪他們理性的選擇、做決定，或是依據正確的資訊形成意見的能力。這代表的是我們輕視他們，為了我們自己自私的目的，把他們當成愚弄和欺騙的對象。

2. 說謊破壞說謊者的個人自由，因為他們很快會陷入他們自己所編織出來欺騙和操控的麻煩網路中。亞伯拉罕林肯（Abraham Lincoln）曾說：「沒有人記憶力好到可以去編織完美的謊言。」誠實的人不需要費力去避免他們為自己所設下的陷阱，但是，當說謊者越說越多的時候，他們試圖去遮掩先前的錯誤，卻必須不斷地向下挖洞。

3. 說謊破壞信任。有時欺騙其他人是可能的，但是通常不會長久。當說謊的行為被發現時，不信任感和懷疑就會以倍數增加。沒有人會相信說謊的人，沒有人會比說謊者本身更容易去猜疑。天生喜歡說謊的人無法信任別人，因為他們假設其他人都跟他們一樣。

4. 說謊破壞說謊者的自我價值感。即使有可能欺騙別人一輩子，但是很難去愚弄我們自己。我可能可以蒙蔽某人，但是我們卻對自己造成更大的傷害，因為我知道我是一個騙子和偽君子。

5. 說謊破壞我們跟上帝之間的關係。這可能是掙扎著要跳出困境的人最不放在心上的。但是最後，這會是最具破

壞性的影響。讓我們進一步談論這一點。

上帝是誰？

摩西對上帝説：「他們若問我説：『他叫什麼名字？』我要對他們説什麼呢？」（出3：13）

從火焰的荊棘中有聲音出來，「我是自有永有的」，又説：「你要對以色列人這樣説：『那自有的打發我到你們這裡來。』」（出3：14）藉此，上帝説出祂自己最重要的特質：祂是自有永有的。

使徒約翰告訴我們，「太初有道」，上帝是誰已經很明顯了（約1：1）。這段經文並沒有告訴我們太初是什麼，因為那不重要。也沒有解釋那開始之時發生什麼事，那一點也不重要。不論那是什麼，的確有一個開始。不論什麼時候開始，上帝已經在那裡了。祂是自給自足的、不改變的、創始成終的上帝。

幾個世紀以來，直布羅陀岩（Rock of Gibraltar，1398英呎高）成為一個堅固和信賴的象徵。我成長於美國派克峰（Pikes

Peak）山腳下，那是一座堅固的花崗岩山脈，高14,110英呎的高峰。即使當我們將它們與上帝的特質比較起來時，這些雄偉的象徵也頓失它的意義。

希伯來文中最常被翻譯為「真理」的字是emeth。我們日常談話中的「事實」，指的是實際發生的事。「我要告訴你一件事實」，指的是「我要告訴你我所知道的事實」。但是聖經中的emeth，並不是指一個人所察覺到的事，而是事的本質。這不是我們口裡所說出來的話，而是事物原本的本質。

詩篇31：5提到誠實的上帝，祂是真神（請參照耶10：10）。這不單單指祂是述說真理的上帝。祂自己本身就是真理，所有的事實都來自於祂。

有關魔鬼，耶穌提到：「他……不守真理，因他心裡沒有真理。他說謊是出於自己；因他本來是說謊的。」（約8：44）說謊和虛假都是和上帝對立的，這些都違反上帝的原則。當我們身陷說謊和虛假時，我們就使祂蒙羞；但是當我們拒絕這樣的行徑時，我們的心靈就會有祂的形像。

IX 誡命

You shall not bear false witness against your neighbor.

大謊言的時刻

耶穌警告我們，這樣的時刻就要來臨，那時，數以百萬計的人，被有史以來最有力量的詭計戰勝。「因為假基督、假先知將要起來，顯大神蹟、大奇事，倘若能行，連選民也就迷惑了。」（太24：24；參閱約貳7章）。我們稱這樣的行動是「敵基督的」，因為耶穌一開始最大的使命，就是要「給真理作見證」（約18：37）。

使徒保羅也提到這具有影響力的末世大欺騙。特別注意一些經文，他告訴我們，為什麼末世欺騙會消滅許多人。敵基督的「大罪人」（帖後2：3）將會來到，他將「行各樣的異能、神蹟、和一切虛假的奇事，並且在那沉淪的人身上行各樣出於不義的詭詐；因他們不領受愛真理的心，使他們得救。」（帖後2：9-10）

為什麼數以百萬計的人會被最後的大詭計給勝過呢？因為他們不愛真理。

當我們在學習第六條誡命的時候，我們知道「不可殺人」這條誡命是要求我們要愛我們的仇敵。現在這裏，在

第九條誡命中，我們發現「不可說謊」這條誡命要求我們必須愛真理。

我們可以想一想這是什麼意思呢？這些愛真理的人做的是什麼呢？

假如我們愛真理，我們將會尋求它。去發現它，對我們而言是很重要的，我們會花時間和努力來尋求它（約5：39）。每日讀經、禱告去理解真理，是生命中很重要的一部分（使17：11）。我們會像詩篇作者那樣禱告：「求你以你的真理引導我，教訓我。」（詩25：5）

耶穌就是真理（約14：6），祂的一生，就是在顯明上帝的真理（約18：36-37）。

所以如果我們愛真理，我們就會去學習祂的話語和作為的意義。

假如我們愛真理，我們會珍視它。耶穌說了一個耕地者的比喻，他在地上挖到一個硬硬的東西，那是一個古老的寶盒。那個人變賣他所有的，然後買了這塊地。耶穌說：這個人以非常「喜樂」的心做了這件事（太13：44）。為什

You shall not bear false witness against your neighbor.

麼喜樂呢？答案是很明顯的，不是嗎？他很開心，因為他知道他所發現之東西的價值，這個寶藏的價值超越他所擁有的一切。

耶穌故事中的「這塊地」，指的是聖經，上帝的話語；寶藏是裡面所含的真理。假如我們真的愛真理，當我們讀經和發現裡面美好的教導時，我們就會經歷同樣的喜樂，比得到金銀更為喜樂（林前13：6），甚至超越生命本身。偉大的宗教改革家，他在讚美詩歌裏提到：

「親戚貨財可捨，

渺小浮生可喪；

他雖殘殺我身，

真道依然興旺，

上帝國度萬古長。」註3

當宗教迫害之火延燒時，那時代數以千計的人證明這些話的真實性。

假如我們愛真理，真理將會改變我們的生命。聖經中說得很明白，有些東西對我們來說並不是真理，可以讓我們

的生命和行為不再一樣的,才是真理(加5:7;羅2:8)。

最後,假如我們愛真理,我們將會樂於分享它。一旦我們見證真理的美好以及經歷它的力量(彼前1:22),我們會感到非常興奮,自然也會想要跟其他人分享。

耶穌說這是祂的使命──祂來是「特為給真理作見證」(約18:37)。當祂離世,祂託付他的跟隨者作見證,做跟祂一樣的事情(使1:8)。

不再說謊的人

對我們所有人而言,有關末世的預言,給我們很大的鼓舞。它提到並不是每一個人都會被這樣的大謊言給戰勝。使徒約翰蒙啟示看到一個異象,有一群人存活在末日,「羔羊無論往哪裡去,他們都跟隨他。」(啟14:4)他們跟隨基督,因為祂是真理,那樣的跟隨是表明毫無保留的順服。

之後預言又加上,「在他們口中察不出謊言來;他們是沒有瑕疵的。」(啟14:5)在他們口中察不出謊言來,指的是真理就在那裡。他們是重視真理,尋找真理,並且找到

了真理。發現後，他們分享它，因為預言說真理「在他們口中」——他們要談論它。他們所經歷的，改變了他們的生命，而且他們不想藏私。因此，他們一無所懼的在這個大欺騙中為上帝、為真理作見證人。

關於這點，歷史已運轉一輪了。這些羔羊的跟隨者配稱為第一代基督徒可敬的繼任者。第一代基督徒必須抗衡當時的政治逼迫和輿論的強大壓力。當宗教領袖捉拿使徒並鞭打他們時，經上記載著：「他們離開公會，心裡歡喜，因被算是配為這名受辱。他們就每日在殿裡、在家裡不住地教訓人，傳耶穌是基督。」（使5：41－42）。

早期基督徒像在末日跟隨羔羊的人一樣，了解第九條誡命的意義。對他們而言，不可作假見證意指不畏懼為真理做見證。這樣一來，他們真是基督可敬的跟隨者，因為祂說：「我就是道路、真理、生命」（約14：6）。

註1：弗雷契著（Joseph Fletcher），《情況倫理》(Situation Ethics；London：
　　　SMC Press, 1966).

註2：這並未有意對弗雷契的想法作完整的陳述。在道德研究中，提出一
　　　些情況說明說謊具有正當理由是很普遍的。例如：從納粹的瓦斯室
　　　裡把人救出來。問題是太多人可能從這些極端的情境中推斷，如果
　　　我們在不舒服或是令人困窘的環境下說謊是可以接受的。

註3：馬丁路德著「堅固保障」。

失序的貪戀
Out-Of-Order Attachment

 X 強調人比物質更重要。

 誡命

第一誡：除了我以外，不可有別的神（You shall have no other gods before me.）

第二誡：不可為自己雕刻偶像（You shall not make for yourself an idol.）

第三誡：不可妄稱耶和華的名（You shall not take the name of the Lord your God in vain.）

第四誡：當守安息日，守為聖日（Remember the sabbath day, to keep it holy.）

第五誡：當孝敬父母（Honor your father and your mother.）

第六誡：不可殺人（You shall not murder.）

第七誡：不可姦淫（You shall not commit adultery.）

第八誡：不可偷竊（You shall not steal.）

第九誡：不可作假見證（You shall not bear false witness against your neighbor.）

第十誡：**不可貪心**（You shall not covet your neighbor's house, wife, servants, cattle, nor anything that is his.）

X 誡命

You shall not covet your neighbor's house, wife, servants, cattle, nor anything that is his.

失序的貪戀

第十條誡命──出埃及記20：17

不可貪戀人的房屋；也不可貪戀人的妻子、僕婢、牛驢，並他一切
所有的。

這件事發生的時候，我大概十四歲。有一天當我如同往常要去辦事時，一個年輕漂亮的女孩閒逛經過我旁邊。這件事令我驚訝的部分，不是她迷人的微笑或是輕快的步伐，而是她手上隨身聽所傳出來的，約翰史特勞斯圓舞曲的曼妙旋律。

偉大的一見鍾情！從那一刻起，我非常確信生命中的快樂和成就感，在於能夠擁有一台屬於我自己的隨身聽。

這樣的東西不是從中國進口的古老產品，或是可以用一塊半美元就可以在當地折扣店買到的東西。此外，我的經濟狀況很清楚地顯示，獲得一台隨身聽不會在一夕之間發生；但

是，可以確定的是，擁有它將會是可能發生的事。從那一刻起，打零工所賺的錢，耶誕節和生日禮物，都奉獻到隨身聽專款上。終於，在一個令人非常開心的日子，我數了數，共有43元美金，於是去市中心買了一台隨身聽。

那天當我回到家的時候，沒有人在家，所以我到房間做功課。當然，不只是做功課。我在練習代數習題時，「別想得太美！」（Don't Let the Stars Get in Your Eyes！）這首歌創造了一個夢幻般的背景情境。哇，太棒了！還有什麼可以比那更美好的呢？

不久我需要一杯水，所以我走進廚房。那隨身聽呢？它是手提式的，你不會認為我會把它留在房間裡面吧？

「發光吧！小小的螢火蟲，飛舞的火！」（Glow，little glow-worm，fly of fire！）這首歌從隨身聽裡傳出，我緊緊地壓住耳機。我的眼睛半閉，腳跟隨節拍不斷移動，直到我的左腿霎那間勾到桌腳。當下我彈跳而起，接著我突然朝向地板俯衝，我的雙手反射性地伸出來，成功地使我的臉不撞到桌子上方，但是隨身聽……哎呀！隨身聽！它已成拋

You shall not covet your neighbor's house, wife, servants, cattle, nor anything that is his.

物線飛向空中，落在地毯上摔碎了，歌曲也隨之結束。

幾小時後父親回到家裡發現這件事，他顯得非常溫和，但仍然忍不住說：「兒子，這是很貴的隨身聽，不是嗎？」真的，它的確很貴。

我希望我可以告訴你那時我所得到的深刻教訓，而且永遠不會忘記。不過事實並非如此。信息其實已經很明顯了，即使那天隨身聽沒有粉碎，信息還是一樣清楚：來自物質的快樂是短暫的。

耶穌說得真好：「你們要謹慎自守，免去一切的貪心，因為人的生命不在乎家道豐富。」（路12：15）。

當「新鮮感」逐漸消逝

母親曾說，「等到『新鮮感』消失後」。假如我的隨身聽那一天沒有壞掉，「新鮮感」──擁有隨身聽的新奇和興奮感也會消失。也許不是在第一天或是第二天，但終究會發生，那就是人生的定律。從物質生活中得到快樂的人，當他們追求最新的時尚和流行時，他們總是從覬覦一件東西換到

另外一件東西。下一個想要的東西必須更大、更吸引人、更快、更新潮，因為「新鮮感」不會一直持續。

「你已經不再跟黛雅娜在一起了嗎？」幾個月前看到傑瑞時我問了他這個問題。他曾經告訴我，這個很棒的女孩如何跟他分享生命和他所住的公寓。

「不，」他說，「她是一個很甜美、很好的女孩，但是她已經沒有辦法感動我，所以我告訴她一切都結束了。」

「黛雅娜怎麼看這件事？」

「喔，對她而言似乎很困難。她哭了很久，而且告訴我，她已經給了我她生命中最好的，現在她不知道該怎麼做。但是我告訴她，『聽著，假如我沒有感覺，我不能假裝有感覺，一切已經都不再一樣了，所以我們結束吧！』」很明顯的，傑瑞並不能看出自己的行為是多麼自私。

第十條誡命所談論的是「物質」崇拜。對於傑瑞，或是任何跟傑瑞有同樣想法的人而言，人也是「物質」。他們為了自己的利益和方便，利用其他人，但是一旦新鮮感消失，或是其他人對他們沒用處時，他們就會離開。

X 誡命

You shall not covet your neighbor's house, wife, servants, cattle, nor anything that is his.

使徒保羅說：「貪婪就與拜偶像一樣。」（西3：5）貪婪和盲目崇拜，兩者都是指物質崇拜。但不同的是：第二條誡命（提到拜偶像的誡命）警告我們，不要讓任何事超越上帝在我們心中的地位。第十條誡命告訴我們，人比這些物質的東西來得更重要。它阻止我們將我們自私的利益放在其他人的權益之上，也不可在別人對我們有利時，才視別人為有價值。

超人

「超人」這個電影人物在1930年代第一次出現時，已廣受歡迎。為什麼不呢？他飛得比子彈還快，一跳起來就可以在數棟大樓之間跨越。此外，他不會犯錯、不會猜疑、不會錯失任何機會、不會失敗。他是最偉大的、最聰明的，是一個超級明星，永遠都是最好的。

你想要成為超人嗎？非常容易！只要花五十塊美金到猶他州的林頓時尚中心（Costume Craze of Lindon），他們會把你換上全套的裝扮，包含飛行的披肩，可以展現肌肉、用塑

膠做的胸部和完美雕刻的腹部肌肉。

應該不會有很多人想要穿這樣的衣服去辦公室上班吧！註1 但是有數百萬人想要在生活中實現超人的美夢。

想想克里斯多夫李維（Christopher Reeve），當他於1978年初次在電影中扮演來自克里普頓鎮（Krypton）的超人角色時，他是一位在好萊塢初試啼聲的帥氣演員。第一集超人電影的成功，接著帶來超人第二集、第三集和第四集的成功。同時也讓李維可以在其他重要電影中擔綱。

因此，李維得到了一棟華美的大廈、私人的遊艇、數架飛機，和想要航行更遠、飛得更高、更督促自己往前的熱情。他兩次單獨飛行橫越大西洋。身為一個專業船員，他經常參與競賽。同時他也喜歡參與滑翔機競賽，有一次曾順著強而有力的上升氣流，飛越科羅拉多州派克山頂，到達三萬兩千英呎的高空。此外，他也是一位專業的滑雪者、網球選手和潛水人員。

在拍攝完超人電影十年之後，李維和英國籍模特兒葛艾克頓（Gae Exton）同居，她為他生了兩個小孩。1987

X 誡命

You shall not covet your neighbor's house, wife, servants, cattle, nor anything that is his.

年，他拋棄她，並和小他十歲美麗的黛娜墨索里尼（Dana Morosini）在一起。

克里斯多夫李維從未穿著他的超人裝在街上行走，但是他相信，如同超人般的生活型態對他而言是最好的。

他在「戰爭與和平」這部電影中扮演騎兵隊軍官的角色，李維發現又有另外一個世界值得去探索──騎馬。不久後，他擁有一匹受過嚴格訓練的純種馬，然後開始在維吉尼亞州參加競賽。

1995年五月，一個跨國性的跳躍比賽在維吉尼亞州的卡沛普（Culpeper）舉行。在最後一分鐘，李維決定要參加比賽。

黛娜聽到這個消息後，一點也不興奮。她告訴他，「克里斯，我們什麼時候可以像一家人一樣聚在一起？」

「也許明年吧！反正，你可以來看我比賽。」註2

所以當比賽開始，黛娜坐在側道，看著她那位總是秀場明星、有名又瀟灑的丈夫騎著馬出場，獲得在場觀眾熱情的掌聲。

對於一個像克里斯多夫李維的人來說，使徒保羅這種人

的價值似乎很難理解，甚至近似愚蠢。在接近一生忙碌犧牲奉獻的生命尾聲時，年長的使徒寫道：

「凡事不可結黨，不可貪圖虛浮的榮耀；只要存心謙卑，各人看別人比自己強。各人不要單顧自己的事，也要顧別人的事。」（腓2：3-4）

這正是第十條誡命所要探討之處。使徒保羅藉由文字所表達出來的事，他用他的生命加以闡明。

給與和獲得

卡沛普的現場觀眾鼓掌，因為看見知名的明星騎馬出場而非常興奮。接下來，所有的事情都改變了。

第三個欄前，「東方快馳」這匹馬並沒有跳躍跨欄，在沒有任何理由的情況下突然煞車，低下牠的頭。當李維旋轉地向前飛出去時，他的頭撞到柵欄。然後以頭向前的姿態撞向騎馬場地的地面。這樣的撞擊重創他脊椎骨第二頸椎的部分，那是脖子和肩膀相連的地方。

比我們讀完這段訊息更短的瞬間，克里斯多夫李維從身

X 誡命

You shall not covet your neighbor's house, wife, servants, cattle, nor anything that is his.

為世界上最閃亮的明星和最會賺錢的演員，變成需要依賴他人和機器度日的人。他的生活從過去無休止的活動，變成稍後他所形容的「永恆的平靜」。

很難去想像比這更大的改變。但是李維稍後說，那一天所發生最重要的改變，是對生命的價值和目的所做的深切調整。假如今日你想要捐獻給克里斯多夫和黛娜李維基金會，你貢獻的金錢不會應用在賽馬比賽、遊艇競賽、或是駕滑翔機飛行上，而是將錢用在治療每年數千個像李維一樣，遭受脊椎受傷之苦的人身上。在李維剩餘的人生裡，他利用他的聲名和源源不絕的創意及金錢，完成這樣的使命。

很少人能像克里斯多夫李維一樣，擁有能帶來財富和聲望的才能和機運。但卻有數以百萬計的人，以他們的能耐想要追隨李維所遵行的倫理標準。物質的東西充滿他們的家，他們過著超過他們所能負荷的生活，債台高築，當中許多人陷在財務崩潰的困境中。他們不斷被物慾的生活型態所煩擾，沒有時間陪孩子，也不曾幫助別人或是過有意義的奉獻生活。2005年超過兩百萬人宣告破產，這是有史

以來最高的數字，這個事實並不會令人驚訝。

　　貪婪是失衡、失序、不恰當的愛。所指的是我們將心力集中在不對的地方，將「物質」——金錢、成功、個人成就，放在我們生命的中心，相信那是我們可以獲得快樂的基礎，「物質」是變成比人類或是比人類更重要的需求。

　　如同其他几條誡命，這條誡命不只是有關特定的行動，同時也是價值和態度。同樣地，這一條誡命不只是規定，也是記述——它不只告訴我們該如何行，也向我們描述事情的真相，並向我們啟示上帝是一位什麼樣的上帝。最重要的是，祂是一位用無私和自我犧牲的愛來供應以及給與的上帝。

　　如同我們之前提到的，使徒保羅激勵我們，「凡事不可結黨，不可貪圖虛浮的榮耀；只要存心謙卑；別人看別人比自己強。各人不要單顧自己的事，也要顧別人的事。」在下一節經文中，他啟示這理念的根源和靈感。

X 誡命

You shall not covet your neighbor's house, wife, servants, cattle, nor anything that is his.

「你們當以基督耶穌的心為心：

他本有上帝的形像，

不以自己與上帝同等為強奪的；

反倒虛己，

取了奴僕的形像，

成為人的樣式；

既有人的樣子，

就自己卑微，

存心順服，以至於死，

且死在十字架上。」（腓2：5-8）

　　耶穌基督是我們最好的榜樣，祂過著謙卑的服事生活。祂「虛己」，並將自己擺在服事與犧牲的祭壇上。藉著這麼做，祂給我們一個很好的榜樣，要憐憫迷失的人，並以實際的行動付出愛。就是這個部分，感動了基督徒，並成為他們的價值觀。我們越能真正地遵行十誡，就越有祂的品德並且越像祂。

　　畢竟，這正是它們的目的。

尾聲

富蘭克林（Benjamin Franklin）有一個很好的想法，他想要改進自己。有一天他坐下來，列了一張美德的清單。然後如同以往一樣，有條不紊地訂了個計畫表以便進行。

你認為富蘭克林該怎麼應用十誡？因為十誡的確是很棒的美德清單，不是嗎？所以，為什麼不視它們為世界上最古老的自我改進手冊，並且著手進行，直到我們可以熟練精通呢？

使徒保羅告訴我們，這樣的宗教使他成長。他和他的夥伴日以繼夜地學習十誡，藉著遵行許多細節的部分精益求精。

但是保羅視這樣的方法為「屬死的職事」。為什麼這麼衷心地遵守十誡，會有如此負面的結果呢？

因為它使信仰變成守則本，變成是「用字刻在石頭上」（林後3：7）。保羅將這與「新約」做個對照，新約這個名詞是從耶31：31－33的預言節錄出來的，這個新約的核心非常簡單。祂說：「我要作他們的上帝，他們要作我的子民。」（耶31：33）

You shall not covet your neighbor's house, wife, servants, cattle, nor anything that is his.

　　這裡所指的，是真正的信仰重視關係而非守則。信仰的中心不是我們自己和行為，而是上帝和祂永恆的愛。十誡並不是藉著梯子費力地往上爬，希望有一天能夠爬得夠高可以到達天堂，十誡乃是如同上帝所期望的，成為神聖的原則，被設計來幫助我們，避免無止盡的痛苦和愚蠢的錯誤。它們的確是「使人自由的律法」（雅2：12）。

　　在新約之下，遵行上帝的律法不再一樣，因為新約包含了一個應許：「我要將我的律法放在他們裡面，寫在他們心上。」（耶31：33）當保羅說基督徒乃是基督的薦信，它們「不是用墨寫的，乃是用永生上帝的靈寫的；不是寫在石版上，乃是寫在心版上。」（林後3：3）保羅說這句話時所指的就是這個。

　　這裡我們抓到重點了，它使一切煥然一新，因為全部都是上帝的工作，不是我們的。當我們生命的中心，因著上帝獨生子耶穌基督與聖靈的感動，而與上帝有愛的關係時，那麼十誡就不是刻在石版上，而是寫在心版上了。

　　「順服」這個好行為，如果只是因為知道什麼是對的，

充其量是很膚淺，並且是很片面的。然而，如果人心藉由
聖靈而更新變化，就能真心無私地順服，表達出對上帝的
愛和感激了。

　　在結尾處我們回顧十誡時，我給你們這個邀約：要進入
平安的盟約和愛的關係中，不要遲疑。這正是上帝對所有
回應祂的人之應許。我希望你可以仔細地考慮這個邀約，
並讓這個邀約成為你生命的一部分：

　　「我必用清水灑在你們身上，你們就潔淨了……我也要
賜給你們一顆新心，將新靈放在你們裡面。又從你們的肉
體中除掉石心，賜給你們肉心。我必將我的靈放在你們裏
面，使你們順從我的律法，謹守遵行我的典章。」（結36：
25-27）

註1：克拉克・肯特（Clark Kent）並沒有穿超人的服裝去上班。

註2：克里斯多夫李維著（Christopher Reeve）, Still Me（New York： Random
　　　House, 1988）, Chap.

國家圖書館出版品預行編目資料

十誡／羅倫·華德 著；甄婉青 譯. --初版. --

臺北市：時兆, 2007[民96]

面： 公分

譯自：The Ten Commandments

ISBN 978-986-83138-2-8 （平裝）

1.十誡 2.基督徒

241.216

 THE TEN COMMANDMENTS

作 者	羅倫·華德（Loron Wade）
譯 者	甄婉青

董 事 長	胡子輝
發 行 人	周英弼
出 版 者	財團法人基督復臨安息日會台灣區會時兆出版社
服務專線	886-2-27726420
傳 真	886-2-27401448
地 址	台北市10556八德路二段410巷5弄1號2樓
網 址	http://www.stpa.org/

執行編輯	周麗娟
文字編輯	徐雲惠
文字校對	江麗華
美術設計	李宛青

法律顧問	統領法律事務所
電 話	886-2-23212161

總 經 銷	東芝文化事業有限公司
電 話	886-2-82421523
地 址	台北縣235中和市中山路二段315巷2號4樓

ISBN-13	978-986-83138-2-8
定 價	新台幣200元
出版日期	2007年5月 初版1刷
	2010年11月再版1刷